David Grossman

Die Kraft zur Korrektur

Über Politik und Literatur

Aus dem Hebräischen von
Vera Loos und
Naomi Nir-Bleimling

Carl Hanser Verlag

1 2 3 4 5 12 11 10 09 08

ISBN 978-3-446-20998-5

Satz: Gaby Michel, Hamburg
Druck und Bindung: Friedrich Pustet, Regensburg
Printed in Germany

Inhalt

Bücher, die mich gelesen haben

In Fellinis *Roma* gibt es eine unvergessliche Szene: Bei Grabungsarbeiten werden atemberaubende Fresken entdeckt, und in dem Moment, in dem die Wandgemälde von den Lampen der Forscher und den Scheinwerfern der Kameramänner angestrahlt werden, verblassen sie und lösen sich auf.

*

Den Prozess der Inspiration begreiflich zu machen kommt meines Erachtens dem Versuch gleich, das Traumgeschehen zu erklären. In beiden Fällen müssen wir auf Wörter zurückgreifen, um ein Erlebnis zu beschreiben, das sich gerade dadurch auszeichnet, dass es sich jeder Definition entzieht. Beide Vorgänge lassen sich *rational* analysieren. Wir können beispielsweise Ereignisse und Personen beschreiben, die unsere Träume beeinflusst haben, und unsere Motive nennen, gerade sie in einen bestimmten Traum »hereinzubitten«. Und doch haben wir immer das Gefühl, dass das Wesentliche, das Geheimnis des Traums, diese besondere, einmalige Beziehung zwischen uns und dem Traum, abstrus und rätselhaft bleibt.

Ich erinnere mich an Zeiten, in denen ich ganz und gar unter dem Einfluss eines überwältigenden literarischen Kraftfeldes stand – als ich beispielsweise *Die Verwandlung* von Kafka las, den Roman *Erinnerungen an Goldmann* von Ja'akov Shabtai oder Thomas Manns *Joseph und seine Brüder.* Damals schien ein Teil von mir, vielleicht mein innerster Kern, wie in einem Traum gefangen, der seine eigene Gesetzmäßigkeit hatte und – fast ohne Vermittlung des Bewusstseins – einen direkten Dialog mit meinen tiefsten, verborgensten Seeleninhalten führte.

Wenn ich heute darüber schreibe, wie der eine oder andere Schriftsteller einen Platz in meinem Leben einnahm und meine Arbeit beeinflusst hat, dann tue ich dies im Wachzustand, im Lampenlicht, dem natürlichen Ausschlussverfahren des Gedächtnisses ausgeliefert.

*

Als ich acht Jahre alt war, schlug mein Vater mir vor, *Das Tagebuch eines Knaben. Geschichten aus Anatevka* zu lesen. Mein Vater war selbst in einem osteuropäischen Schtetl, in Dynow in Galizien, nur wenige Kilometer von Lemberg/ Lwow entfernt, aufgewachsen. Wie Mottel hatte auch er früh den Vater verloren und mit seinem Bruder, seiner Schwester und seiner verwitweten Mutter in ärmlichen Verhältnissen gelebt.

1936 war er nach Palästina eingewandert. Über seine

Kindheit sprach er nicht viel. Nur selten hob er den Vorhang seines Schweigens ein wenig und gewährte mir einen flüchtigen Blick auf eine skurrile, anziehende, fremde Welt – eine Art Schattentheater. Ich sah dort meinen Vater als kleinen Jungen im »Cheder« sitzen, vor einem griesgrämigen Lehrer, der während des Unterrichts zerbrochene Tongefäße zusammensetzte und mit Eisendraht umwickelte. Ich sah, wie der Vierjährige im Dunkeln aus der Schule nach Hause ging und sich mit einer Kerze, die in einem biologischen Kerzenständer – einem halben Rettich – steckte, den Weg erleuchtete. Ich sah, wie mein Vater heimlich durchs Fenster lugte, während der Arzt dem Vater meines Vaters auf dem Sterbebett ein seltenes, teures Medikament verabreichte: einen Schnitz Wassermelone, dünn wie Papier.

Ich erinnere mich noch genau daran, wie mein Vater mir die *Geschichten aus Anatevka* von Scholem Alejchem (in der hebräischen Übersetzung von J. D. Berkowitz) gab. Er schlug das Buch auf, und ich las die Überschrift des ersten Kapitels: »Sei still, an Feiertagen weint man nicht!« und dann die ersten Zeilen: »Ich wette, daß sich niemand über die warmen, hellen Tage, die gleich nach Ostern eingetreten sind, so gefreut hat wie ich, Mottel, der jüngere Sohn des Kantors Pesche, und des Nachbarn Kälbchen »Mich«, wie ich es nannte.« (Deutsch von Stefania Goldenring, Ullstein Verlag, 1992, Anm. d. Übs.)

Ich las und verstand nichts. Doch da war etwas. Ich nahm meinem Vater das Buch aus der Hand und kletterte auf die Fensterbank, auf der ich am liebsten las. Draußen lag das Jerusalemer Viertel Bejt-Masmil, dessen Bewohner damals gerade versuchten, sich an seinen hebräischen Namen zu gewöhnen, der so feierlich und offiziell klang: Kiryat Jovel (Jubiläumsstadt, Anm. d. Übs.). Ein Konglomerat von Plattenbauten, Bewohner aus siebzig Diasporaländern, die in siebzig Sprachen miteinander stritten und von den Insassen der Asbestbaracken um ihre engen Wohnungen glühend beneidet wurden. Junge Paare stürzten sich mit unerschütterlichem Optimismus ins volle Leben, Holocaustüberlebende huschten wie Schatten durch die Straßen und machten uns Kindern Angst.

»Wir fühlten gleichzeitig die ersten Sonnenstrahlen des ersten warmen Tages nach Ostern: Wir witterten zusammen den Duft des ersten grünen Grases, das soeben aus der unlängst vom Schnee befreiten Erde hervorgekrochen war. Wir schlüpften auch zusammen aus unseren engen, finsteren Löchern. Ich, Mottel, kam aus der kalten, feuchten Stube, in der es ewig nach Sauerteig, Essig, Rauch, Spülicht und Arzneien roch; das Kälbchen entkam aus einem noch schlimmeren Gestank, einem finsteren, schmutzigen Stall mit schiefen, wurmstichigen Wänden, durch die im Winter der Schnee und im Sommer der Regen eindrang.«

»Gefällt dir das Buch?« fragte mein Vater. »Lies weiter, lies nur! Genauso habe ich es erlebt.« Vielleicht war es sein Gesichtsausdruck, der mir plötzlich bewusstmachte, dass Vater mich zum ersten Mal dorthin mitnahm, dass er mir den Schlüssel zur Tür eines Tunnels gegeben hatte, der von meiner in seine Kindheit führte.

Es war ein Tunnel der besonderen Art. Das eine Ende lag in Jerusalem, in dem jungen Staat Israel, der meinte, vergessen zu müssen, um sich eine neue Identität zusammenraffen zu können und Stärke zu beweisen. Das andere Ende lag im Lande »dort«.

Von dem Moment an, in dem ich jenes Land betrat, gab es kein Zurück mehr. Ich war acht Jahre alt und verschlang in ein paar Monaten alle Bücher von Scholem Alejchem, die es damals auf hebräisch gab: die Kinderbücher, die Bücher für Erwachsene und die Theaterstücke. Als ich sie jetzt für diesen Artikel noch einmal las, stellte ich erstaunt fest, wie wenig ich im Alter von acht Jahren eigentlich von den Geschichten verstehen konnte und wie stark sie dennoch auf mich gewirkt hatten. Denn wie sollte ein Acht- oder Neunjähriger die unglückliche Liebe von Ruchale zu Stemphanio verstehen, geschweige denn die politischen Ansichten nachvollziehen, die Scholem Alejchem seinem Menachem Mendel, jenem verlorenen, entwurzelten Juden, oder dessen absoluten Kontrahenten – Tewje, dem Milchmann – auf den Leib geschmiedet hat? Was wusste ich schon vom Leben der Thoraschüler, die bei den Reichen »in voller Verpflegung gesessen« hatten, was von den Standeskonflikten im Schtetl zwischen »Hausvätern« und Tagelöhnern, was vom Kampf zwischen Zionisten und Bundisten?

Ich wusste nichts, ich verstand nichts, doch aus irgendeinem Grunde kam ich von diesen eigentümlichen Geschichten nicht mehr los. Sie waren in einem Hebräisch verfasst, das mir nie zuvor begegnet war. Ich las wie einer, der eine völlig fremde Welt betrat, die das »Gelobte Land« zu sein schien: In gewisser Weise hatte ich dennoch das Gefühl, nach Hause zu kommen. Alles stürmte ungeordnet auf mich ein: Die Wörter mit dem biblischen Klang, die Figuren, ihre Bräuche, ihre Lebensweise, die Seitenzahlen, die wie im *sefer ha-aggada* von Bialik und Rawnitzki (Sammlung jüdischer Legenden, Anm. d. Übs.) in Buchstaben angegeben wurden. (Es gab Seitenzahlen, die allein durch ihre Buchstabenkombination etwas zu erzählen schienen.) Selbst der Geruch der Seiten – so dicht, so fremdartig. Sie rochen anders als die Bücher, die ich damals las: *Die Fünferbande, Die Sieben* oder *Kick, Alon, kick,* die Bücher von Erich Kästner, Jules Verne und Nachum Gutman, *Die ersten Menschen* von Elieser Smoli, *Zwei Lager, Der Zauberer Jotam* und *Der mutige Oz gegen die Krokodile des Pharao*, eben alles, was mir in die Hände fiel.

Dazu muss ich erklären, dass ich einer Generation angehöre, die daran gewöhnt war, Texte zu lesen, in denen man nicht jedes Wort verstand. Anfang der sechziger Jahre lasen wir Bücher in einem hochtrabenden, archaischen Hebräisch, Übersetzungen aus den zwanziger und dreißiger Jahren, die nichts mit der Sprache unseres Alltags zu tun hatten. Diese Verständnisschwierigkeiten, zu denen wir verurteilt waren, hemmten sicher hin und wieder unseren

Lesefluss, doch im Nachhinein habe ich den Eindruck, dass gerade dieses Nichtverstehen auch einen gewissen Lesegenuss verschaffte: Das Mysteriöse, die exotischen Wörter, die so merkwürdig klangen, das Vergnügen, Bedeutungen aus dem Zusammenhang zu erschließen. Ich lege Wert auf diese Bemerkung, da heute die meisten Kinderbücher (dies gilt noch mehr für Kinderzeitschriften) in Augen- bzw. Ohrenhöhe der Leser verfasst werden, wenn nicht sogar darunter, und aus einfachen, oft vereinfachenden Wörtern, am liebsten Slangausdrücken bestehen. Dies mag von Vorteil sein, wenn man ein breiteres Publikum an Literatur heranführen möchte. Dennoch trauere ich der Leseerfahrung meiner Kindheit nach, bei der ein Kind beim Lesen sprachliche Lücken füllte, automatisch einen großen, reichen Wortschatz erwarb und gleichzeitig lernte, die Sprache an sich als einen Organismus mit eigener Funktion wahrzunehmen.

In den sechs Bänden von Scholem Alejchem – den kleinen, fetten Büchern mit rotem Einband aus dem Verlagshaus Dvir – stieß ich auf die phantasievollste Welt, die mir je in Büchern untergekommen war: eine weder heroische noch prachtvolle Welt, die scheinbar nichts aufzuweisen hatte, was Kinderherzen höher schlagen ließ. Und dennoch nahm sie mich gefangen und gab meiner bis dahin ungeahnten Sehnsucht, einem regelrechten Hunger, eine Sprache. Ich las von schlauen Ehestifterinnen und von Schneidern, von Wasserträgern, vom Melamed und seinem

Behelfer im Cheder, von Pastoren und Waschfrauen, von Tabakschnupfern und Schmugglern; ich machte die Bekanntschaft von Grießbrot, erfuhr von Kaftanen und den Wämsen der Bauern. Ich begegnete Schacherern, Wucherern und Banditen, die einem nachts in den Wäldern auflauerten, Orten mit Namen wie Kasrilewke oder Jehupetz und Menschen, die Hersch Leijb, Schneur, Menachem Mendel, Iwan Pitzkor oder Vater Alexej hießen. Besonders befremdlich fand ich es, dass die Juden mit den Christen, den »Gojim«, zusammenlebten. Was hatte das zu bedeuten? Was brachte die Juden dazu, sich mit diesen unheilvollen Ungläubigen abzugeben? Wie konnte Tewjes Chawale nur solch einen Goj zum Mann nehmen? Und wie kamen die Gojim dazu, Tewje aus seinem Haus zu jagen, und wie konnte sich überhaupt jemand erdreisten, einen anderen aus dessen Haus zu vertreiben, ihn aus dem Leben zu reißen und ihm zu sagen: »Geh aus deinem Vaterland«?

(Übrigens war ich mir nicht sicher, was ein Goj war, und auch die Bedeutung des Wortes Christ war mir nicht klar. Ich glaube, bis zu meinem neunten Lebensjahr war ich – wie vielleicht noch andere Kinder meines Alters – überzeugt, ein Christ (hebräisch: *nozri*) wäre so etwas wie ein Ägypter (hebräisch: *mizri*). Ohnehin waren beide der »Feind«.)

Alles in dieser Literatur setzte mich in Staunen, stieß mich zugleich ab und zog mich an: das Gefühl der unsicheren Existenz, das tägliche Leid, die ständige Angst vor einem

Pogrom oder einer »Hatz«; der ungezwungene, wie »Smalltalk« anmutende Dialog mit Gott und die unangetastete Autorität von Träumen und ihrer Deutung. Auch die ständige Allgegenwart der Toten, das tägliche Gespräch mit diversen Urgroßeltern, die längst das Zeitliche gesegnet hatten; die bedingungslose Abhängigkeit von Fürsprechern, der Fatalismus, die körperliche Schwäche, das Mitleid – auch mit dem, der dich hasst – und die Ironie. Und immer wieder diese seltsam intime Beziehung zu den Katastrophen, die ständig über den Köpfen schwebten: Seid unbesorgt, das nächste Unglück wird nicht lange auf sich warten lassen.

Ich sollte vielleicht noch erwähnen, dass ich keine anderen Kinder kannte, die die Bücher von Scholem Alejchem lasen. Als ich einmal meinem besten Freund aus unserem Block von meinen neuen Bekanntschaften vorschwärmte, sah er mich nur schief an und verzog die Mundwinkel zu einem Grinsen. Ich bekam gerade noch die Kurve, doch dieser kleine Ausrutscher zwang mich in der nächsten Zeit zu extremem Wagemut, was Todessprünge von Bäumen und das Erklimmen besonders hoher Kräne anbelangte, um meinen guten Ruf zurückzuerobern, den ich für einen Moment besudelt hatte. Sehr schnell verstand ich mit dem Instinkt eines Kindes (das heißt mit dem Instinkt eines Überlebenden), dass das Schtetl wohl besser meine eigene geheime Welt blieb. Die ich besser für mich behielt.

Zwischen dem achten und zehnten Lebensjahr führte ich sozusagen ein Doppelleben, von »hier« nach »dort« und umgekehrt. Ich lebte intensiv in beiden Welten. Ich nahm begeistert mit, was mir das tägliche Leben im Israel der frühen sechziger Jahre zu bieten hatte, und erlebte die vor Leben strotzende Realität – armselig und doch voller Wunder. Wie die meisten Kinder im Viertel, wie halb Israel, war auch ich unermüdlich damit beschäftigt, arabische Spione zu entlarven. Ich trainierte täglich meine Kondition, um bei den Fallschirmspringern oder in die israelische Nationalmannschaft aufgenommen zu werden und die bösen Deutschen zu schlagen; doch in jeder freien Minute kehrte ich zurück in mein jüdisches Schtetl, das für mich immer greifbarer, vertrauter und relevanter wurde und irgendeine jüdische Saite in mir anschlug, eine sehr jüdische, eine Diasporasaite. Es verlieh diesem jüdischen Teil von mir eine Stimme und Gefühle und verhalf ihm zu einer Existenz in meinem Leben. (Man könnte sagen, dass ich damals gleichzeitig die Rolle vorwärts der Fallschirmspringer und die Wiederauferstehung am Jüngsten Tag trainierte.)

Merkwürdigerweise war ich fest davon überzeugt, dass es die Welt von Scholem Alejchem – die Welt des osteuropäischen Schtetl – immer noch, parallel zu meiner Welt, gab. Die literarische Präsenz dieser sechs Bände war so gewaltig und voller Leben, dass sich die Frage nach der Wirklichkeit überhaupt nicht stellte. Irgendwo, war ich mir sicher, existierte diese Welt weiter, nach ihren eigenen Regeln, mit ihrer eigenen Sprache, mit ihren Geheimnissen – eine Welt, ständig begleitet von einer süßen, wehmütigen Melodie, einer Elegie, die sich von vorneherein mit dem Verlust abgefunden hat. Was das für ein Verlust war, wusste ich nicht.

Als ich etwa neuneinhalb Jahre war, wurde mir mitten in der Trauerfeier am Gedenktag für die sechs Millionen Opfer der Shoa, mitten in einer jener unsensiblen, abgedroschenen hilflosen Zeremonien, mit einem Mal klar: Diese sechs Millionen, diese Ermordeten, diese Opfer, diese »Märtyrer der Shoa«, wie man sie auch nannte – das waren meine Leute. Das waren Mottel, Tewje, Shimele Soroker, Chavale, Stemphanio, Lili und Shimek. Auf dem glühend heißen Asphalt des Schulhofs in Bet Hakerem wurde mir das Schtetl auf einen Schlag genommen.

Es war das erste Mal, dass ich begriff, was der Holocaust bedeutete. Es ist nicht übertrieben, wenn ich behaupte, dass meine ganze Welt aus den Fugen geriet. Ich erinnere mich noch genau an das bedrückende Gefühl in den folgenden Tagen – das die Kinder von Überlebenden wohl empfinden müssen –, das Gefühl, nun gewissermaßen dafür Sorge tragen zu müssen, dass diese Menschen nicht in Vergessenheit gerieten. Eine Verantwortung, die mir unangenehm war.

Jedes Kind hat seinen ersten Toten. Die Figuren aus den Geschichten von Scholem Alejchem waren meine ersten Toten. Ich konnte nicht mehr weiter über sie lesen, und konnte es auch nicht lassen. Eine Weile las ich weiter, wie ich danach nie wieder gelesen habe: Ich las alle sechs Bände noch einmal, zum letzten Mal, las sie gründlich und bemühte mich, an den Stellen, an denen ich früher immer gelacht hatte, ernst zu bleiben. Die Lektüre löste einen unerträglichen Schmerz aus, und war gleichzeitig die einzige Methode der Linderung. Jede Begegnung mit den Geschichten machte mir deutlich, wie groß der Verlust war, und machte mir diesen dennoch auch ein wenig erträglicher. Heute ist mir klar, dass ich mit zehn Jahren herausfand, dass nur in den Büchern Dinge gleichzeitig existieren und verloren sein können.

Der erste Teil meines Romans *Stichwort: Liebe* erzählt von einem Jungen, Momik, der versucht, die Diaspora mit israelischen Begriffen zu verstehen. Große Teile des Buches schildern den Versuch, über ein »jüdisches« Dasein in »israelischer« Sprache zu schreiben. Aber auch das Gegenteil – Israel in der Sprache der Diaspora zu beschreiben. Das ist die innere Musik des Buches und sein Kontrapunkt.

Stichwort: Liebe ist ein Buch über eine verloren gegangene Geschichte, eine in Fetzen gerissene Geschichte. In dem Buch gibt es viele solcher Geschichten, die man immer und immer wieder erzählen muss, weil dies die einzige Art ist, die Trümmer der Identität zusammenzuflicken, die Splitter der zerfallenen Welt wieder zusammenzufügen. Viele Figuren in diesem Buch suchen nach Geschichten, die sie verloren haben: Meist handelt es sich um eine Kindheitsgeschichte, die sie als Erwachsene unbedingt brauchen, um wieder zum Leben zu erwachen. Nicht aus einem kindlichen Wunsch heraus wollen sie eine Geschichte aus ihrer Kindheit erzählen, denn von ihrer kindlichen Naivität ist kaum etwas geblieben; es ist vielmehr ihre Art, Menschlichkeit und vielleicht sogar einen Hauch von Würde zu bewahren, weil sie daran glauben, dass Kindlichkeit in dieser Welt noch eine Möglichkeit ist, die man dem völligen Zynismus entgegensetzen kann. Und darum soll sie die ganze Geschichte mit den Augen eines Kindes wiedererzählt werden.

*

Die Willkür einer äußeren Kraft, die mit Gewalt in das Leben eines Menschen, einer Menschenseele eindringt, ist ein Thema, das mich in beinahe all meinen Büchern beschäftigt. In *Stichwort: Liebe* ist es der Nazismus, in *Das Lächeln des Lammes* und *Der gelbe Wind* ist es der Zustand einer militärischen Besatzung, die sich selbst für aufgeklärt hält, aber die Besetzten der Schreckensherrschaft einer nahezu omnipotenten Macht ausliefert. In *Der Kindheitserfinder* versuchte ich zu beschreiben, wie die Seele – dieser lebendige, vielschichtige Funke in uns – gezwungen ist, sich der unpersönlichen Dimension der Materie, dem nichtssagenden Diktat des Fleisches zu unterwerfen.

Je mehr Bücher ich schreibe, desto klarer wird es mir: Wenn ich die Relation zwischen einer Menschenseele und dieser äußeren Willkür beschreibe, wenn ich noch tiefer in die Beschreibung eindringe, noch vehementer um die exakte Wiedergabe einer Empfindung kämpfe, wenn ich mich bis ins Letzte in eine Figur hineinversetze, dann überwinde ich die Leere zwischen mir und dem, was mir als unabänderlich erscheint, um einen weiteren Millimeter.

Nicht, dass ich damit einen besseren Weg gefunden hätte, mich mit der Divergenz von Körper und Seele abzufinden; nicht, dass ich wirklich verstanden hätte, wie ein Mensch sich selbst so sehr verleugnen kann, dass er Teil einer Vernichtungsmaschinerie wird; und ich glaube auch nicht, dass ich die Ungerechtigkeiten der Besatzung abstellen werde, wenn ich über sie schreibe. Doch meine innere Einstellung zum Unabänderlichen hat sich verändert: Ich stehe dieser Willkür nicht mehr so hilflos gegenüber. Ich bin nicht mehr Opfer.

Das bringt mich auf eine weitere Quelle der Inspiration und der Begeisterung – zur Literatur von Bruno Schulz.

Von seinem Buch *Die Zimtläden* hörte ich zum ersten Mal, als mich eines Tages ein Unbekannter anrief, der gerade meinen Roman *Das Lächeln des Lammes* gelesen hatte und mir freundlich, aber bestimmt mitteilte, dass ich selbstverständlich stark von Schulz beeinflusst sei.

Bis dahin hatte ich nichts von Bruno Schulz gehört, war jedoch hocherfreut, von ihm beeinflusst zu sein; nebenbei bemerkt, ich habe schon öfter von gebildeten Kritikern zu hören bekommen, von wem ich wirklich beeinflusst sei, und wenn ich die Quellen zum ersten Mal las, stellte ich fest, dass sie tatsächlich recht hatten.

Bruno Schulz, ein jüdisch-polnischer Schriftsteller, lebte in der kleinen Stadt Drohobycz, ebenfalls in Galizien. Er war ein bescheidener Zeichenlehrer, der aus seinem unscheinbaren häuslichen Leben eine gewaltige Mythologie kreiert hat und heute zu den größten Autoren dieses Jahrhunderts zählt. Bruno Schulz lebte in dem Glauben, unser Alltag bestehe in Wirklichkeit aus Episoden antiker Legenden, aus Trümmern alter Skulpturen, Splittern zerschlagener Mythen. Die Sprache verglich er mit einer sagenhaften Ur-Schlange, die irgendwann einmal in Tausende von Scheibchen – die Wörter – zerteilt wurde: Diese Vokabeln haben nach Bruno Schulz ihre ursprüngliche Vitalität verloren und dienen heute nur noch als Mittel der Verständigung – doch noch immer »suchen sie einander im Dunkeln«.

Auf jeder Seite von Bruno Schulz kann man dieses rastlose Suchen spüren, die Sehnsucht nach archaischer Vollkommenheit. Seine Geschichten sind voller Momente erster Berührungen, wenn die Wörter plötzlich »einander im Dunkeln finden«, wenn im Bewusstsein des Lesers eine Art »elektrische Zündung« stattfindet, und er das Gefühl hat, ein schon tausendmal gehörtes und gelesenes Wort gäbe ihm für den Bruchteil einer Sekunde seinen Vornamen preis.

Nur zwei Bände mit Erzählungen und ein paar kurze Aufsätze von ihm sind veröffentlicht. Doch Schulz hat auch einen Roman mit dem Titel *Der Messias* geschrieben, der verlorenging und dessen Inhalt unbekannt ist. Ich bin einmal einem Mann begegnet, der mir erzählte, Schulz habe ihm die ersten Zeilen gezeigt: Über der Stadt bricht der Tag an. Ein gewisses Licht, Türme. Mehr habe er nicht gesehen.

Schulz hat wenig geschrieben, doch auf jeder seiner Seiten explodiert das Leben, tritt über alle Ufer und wird auf einmal seinem Namen gerecht, als ein gewaltiges Zusammenspiel aller Stufen des Bewussten und des Unbewussten, der Illusion, der Sehnsucht und des Albtraums. Ich habe das Buch in einem Tag und einer Nacht gelesen, in einem Rausch der Sinne, in dem Gefühl – jeder Verliebte kennt es, und es ist mir heute fast etwas peinlich –, dass es einzig und allein für mich bestimmt sei.

Ich habe das ganze Buch gelesen, ohne etwas von Bruno Schulz zu wissen, und nach den Erzählungen *Die Zimtläden* und *Das Sanatorium zur Todesanzeige* in der Schocken-Ausgabe las ich das Nachwort von Joram Brunowski und erfuhr, wie Bruno Schulz umgekommen ist. Im Getto Drohobycz hatte Schulz einen Protektor, einen Beschützer und Arbeitgeber, einen SS-Offizier mit Namen Landau, der Schulz dazu benutzte, sein Haus und seinen Stall mit Fresken auszumalen. Der Offizier hatte einen Kontrahenten mit Namen Günther, der beim Kartenspiel gegen ihn verloren hatte. Dieser Günther traf Bruno Schulz auf der Straße und erschoss ihn, um dessen Arbeitgeber zu schaden. Als die Offiziere sich später trafen, sagte der Mörder: »Ich habe deinen Juden getötet.« »Schön«, antwortete Landau, »dann töte ich jetzt deinen.«

Ich wollte nicht in einer Welt leben, in der solche Dinge möglich sind. In einer Welt, in der eine Sprache möglich ist, die eine Ungeheuerlichkeit wie jenen Satz zulässt.

Doch dieses Mal, im Gegensatz zu meiner Lähmung im Alter von zehn, als ich die Greuel der Shoa mit den Figuren von Scholem Alejchem in Verbindung brachte, hatte ich eine Möglichkeit, meinen Gefühlen Ausdruck zu verleihen. Ich nahm mir vor, ein Buch über Bruno Schulz zu schreiben. Ein Buch, das auf dem Bücherregal vibrieren sollte. In dem das Lebendige gleichwertig sein sollte mit dem Bruchteil einer Sekunde eines Menschenlebens. Nicht eines »Lebens« in Gänsefüßchen, eines Lebens, das nichts ist als pures Totschlagen von Zeit, sondern eines Lebens wie das, das Schulz uns mit seiner Literatur zu leben lehrt. Ein leibhaftiges Leben, ein potenziertes Leben.

Ich weiß, dass viele Leser von *Stichwort: Liebe* mit dem Kapitel über Bruno Schulz ein Problem hatten. Für mich ist dieses Kapitel jedoch der Kern des Buches, der Grund, warum ich es schrieb, warum ich überhaupt schreibe. Wenn mir einer sagt, er habe das Kapitel nicht lesen können, bedauere ich, dass kein Funke übergesprungen ist. Umso wertvoller sind mir die Begegnungen mit denen, die sich darauf eingelassen haben, mit mir in dieses Kapitel einzutauchen. *Stichwort: Liebe* wurde inzwischen in viele Sprachen übersetzt, und am meisten freut es mich, dass in jedem Land, in dem es erschien, die Werke von Bruno Schulz umgehend neu aufgelegt wurden, sodass immer mehr Leute die Gelegenheit bekamen,

Bekanntschaft mit diesem wunderbaren Schriftsteller zu machen.

*

Als man mich einlud, einen Vortrag über meine Quellen der Inspiration zu halten, wurde ich gefragt, über welche Bücher ich sprechen werde und welche Bibliographie den Studenten gegeben werden soll. Unverzüglich begann ich darüber nachzudenken, welche Bücher und welche Autoren mich und meine Literatur beeinflusst haben. Schließlich gab es viele: Die Erzählungen von A. B. Jehoschua, *Der Berg des bösen Rates* von Amos Oz, die Bücher von Kafka, Thomas Manns *Zauberberg*, die Romane von Heinrich Böll, Virginia Woolf und viele andere. Und natürlich reizte es mich, über Joyce und Camus zu sprechen, die ich beide sehr liebe. Und ich hatte Lust, einen Teil der hochverehrten Wissenschaftler mit Zitaten aus einem verschollenen, grönländischen Epos zu deprimieren, dessen Titel ihnen noch nie zu Ohren gekommen war...

Doch als Bialik *Mein Gedicht* verfasste, sprach er nicht von *literarischer* Inspiration. Nicht in diesem Gedicht erwähnt er die religiösen Bücher im Lehrhaus, von denen er sich später abwandte. Auf die Frage: »Weißt du wohl, woher ich meine Gedichte habe?« beschreibt er das trockene, hohle Zirpen der Grille, die sich im Haus seines Vaters niedergelassen hatte, und den tiefen Seufzer seiner Mutter, als sie verwitwete.

Ich wiederhole – Grille und Seufzer.

Deshalb rede ich jetzt nicht über Autoren und Dichter, die mich inspiriert haben, sondern über ein beinahe physisches Gefühl, das vielleicht keine »Quelle der Inspiration« ist, jedoch eindeutig mit meinem Bedürfnis zu schreiben zu tun hat. Es fällt mir schwer, es in eine Definition zu fassen oder in wenige Sätze zu komprimieren. Bruno Schulz sprach davon zu ersticken, von Langeweile eingepfercht zu sein. Vielleicht ist es dieses Gefühl des Erstickens, eine Art Klaustrophobie in den Worten anderer. Um das zu verstehen, habe ich den Roman *Der Kindheitserfinder* geschrieben. Es ist ein Buch über einen jungen Menschen, der nicht in der Lage ist, die ihn umgebenden Konventionen und die Routine anzunehmen, auch nicht die Sprachklischees, und nicht einmal das handfeste beschränkte physische Diktat seines Körpers zu akzeptieren.

Das Buch spielt in den sechziger Jahren in Jerusalem. Aharon Kleinfeld lebt in einer Migrationsgesellschaft, unter Menschen, die soeben einer großen Katastrophe entkamen und mit letzter Kraft versuchen, sich ein neues Leben aufzubauen und eine neue Sprache zu erlernen. Sie klammern sich auf leidenschaftliche, geradezu groteske Weise an Gegenstände, an Nahrungsmittel, an alles, was greifbar und materiell ist. Sie schaffen sich eine konkrete, fleischliche, handfeste Welt, die entsprechend grob und willkürlich ist. Eine Welt, die die Privatsphäre ihrer Bewohner plattwalzt.

Für mich ist es ein Buch über die Geburt eines Künstlers, der in diese Öde eingepfercht ist. Aharon, der am Anfang der Geschichte zwölf Jahre alt ist, ein sonniges Kind, fröhlich, erfinderisch und phantasievoll, spürt, wie die Penetranz dieser Welt ihm die Luft zum Atmen nimmt. Sie umzingelt ihn, bohrt unsanft ihre Finger in seine Seele und seinen Körper. Sogar den physischen Prozess der Pubertät, vor dem er steht, erlebt er als Teil dieser Aufdringlichkeit (übrigens haben die hebräischen Worte *shrir,* Muskel, und *shrirut,* Willkür, ein und dieselbe Wurzel).

Ganz allmählich entsteht eine Entfremdung, sogar Feindschaft zwischen ihm und seinem Körper, seinem Fleisch; das heißt zwischen ihm und jenem Teil von ihm, der eine äußere, objektive Erscheinungsform hat, und auch eine innere.

Aharon sieht, wie seine Freunde pubertieren und sich verändern, als folgten sie alle gemeinsam einem plötzlichen heimlichen Befehl. Und er ist nicht in der Lage, sich ihnen anzuschließen. Etwas an der Homogenität des Prozesses, an seiner Unausweichlichkeit, schreckt ihn ab, mutet ihn wie ein nahezu entwürdigender Freiheitsentzug an.

Aharon ist natürlich ein Extremfall, doch ich glaube, wir alle erinnern uns an die Gefühle in der Pubertät, wenn man diesen Tunnel betritt, den man ein paar Jahre lang durchschreitet, ohne zu wissen, was das Schicksal für einen bereithält, in was für einem Körper und mit was für einer Seele man daraus hervorgehen wird.

Mit den Jahren machen wir auch die Bekanntschaft dessen, wovor Aharon sich am meisten fürchtet, natürlich unbewusst, und weshalb er sich weigert, diesem Gesetz des Fleisches zu folgen – die Bekanntschaft mit dem Wissen, wie leicht die Seele sich der Physis beugt, wie leicht sie Schritt für Schritt selbst zu einem physischen Mechanismus wird, mit verkalkten Arterien, Muskelkrämpfen, steifen Gelenken und Reflexen.

Angesichts der ihm aufgezwungenen Bürokratie des Körpers spürt Aharon, dass das wichtigste Mittel, mit dem er seine Freiheit, seine Individualität und auch seine Sexualität ausdrücken kann, die Sprache ist. Und da auch die Sprache eine Art »Körper« mit einer doppelten Existenz ist, mit Außen- und Innenleben, leidet Aharon bei jedem disharmonischen Kontakt von »innen« und »außen«: wenn Menschen um ihn herum Sprache wie abgedroschene Phrasen benutzen, wenn sie etwas entwürdigen, was in Aharons Innerem eine andere, reinere, loyalere Existenz hat. Ab einem gewissen Moment merkt er intuitiv, dass er das Vokabular nicht länger benutzen kann wie jedermann, so undifferenziert, gleichgültig und stammelnd.

Dieses Buch spielt vor dem Sechstagekrieg, wo alle um Aharon in dem gleichen militärischen, ängstlich-arroganten Ton miteinander kommunizieren, mit den gleichen Parolen und der gleichen Ungeschliffenheit. Die Tatsache, dass alle in ein und demselben Jargon kommentieren und prophezeien, die Vulgarität der phrasenhaften Einheitssprache und das Gefühl, dass dieses hermetische geheime

Sprachsystem ihn zu einem Außenstehenden werden lässt, deprimieren ihn. Und das Wissen, dass er nie im Leben vulgär und dumpf genug sein wird, um Teil dieses Systems zu werden.

Aharon eröffnet in seinem Innern ein Sanatorium für kranke Wörter. Er sammelt sie im Alltag auf, pflegt sie gesund, reinigt sie in komplizierten Zeremonien, und erst nach diesem Prozess der Läuterung fühlt er sich wieder berechtigt, sie zu benutzen. Sie haben seinen Körper und seine Seele durchlaufen. Sie gehören nun ihm.

Natürlich führt dieser Prozess zu vollkommener Einsamkeit; Aharon ist in seinem Innenleben gefangen, in seiner persönlichen Sprache. Er gestaltet sich in ihr seine Geliebte und seinen besten Freund, unfähig, in der sogenannten »Wirklichkeit« normale Beziehungen mit solchen zu unterhalten. Das Buch endet damit, dass er sich in einen alten Kühlschrank sperrt und hofft, dass ihm sein früherer kindlicher *künstlerischer* Funke dabei hilft, das schwierigste Kunststück des Entfesselungskünstlers Houdini nachzuahmen und aus dem Kühlschrank in die Welt zu gelangen. Wird er es schaffen?

Ich habe meine eigene Antwort darauf, doch bevor ich dazu komme, möchte ich von der privaten, persönlichen auf die allgemeinere Sprache kommen, auf die Sprache, die mir für drei meiner Bücher – den Roman *Das Lächeln des Lammes* und die beiden Sachbücher *Der gelbe Wind* und *Der geteilte Israeli* – eine Art »Antiquelle der Inspiration« war. In diesen Büchern habe ich versucht, in einer alternativen Form zur allgemeinen, öffentlichen, patriotischen Sprache über die aktuelle politische Situation zu sprechen.

Leider leben wir hier schon fast hundert Jahre in einem Konflikt, dessen Brutalität sich auf alle Bereiche unseres Lebens auswirkt und natürlich auch auf die Sprache und ihre Inhalte.

Wenn ein Staat oder eine Gesellschaft – aus welchen Gründen auch immer – in einen dauerhaften Konflikt zwischen den Grundwerten und einer bestimmten politischen Konstellation gerät, entsteht ein Riss zwischen dieser Gesellschaft und ihrer Identität, zwischen ihr und ihrer »inneren Stimme«.

Je komplizierter und widersprüchlicher diese politische Lage wird, je mehr Kompromisse die Gesellschaft eingehen muss, um all diese Widersprüche in sich auszuhalten, umso eher schafft sie sich einen Ad-hoc-Kodex, ein »Notstands-Wertesystem«: eine Art doppelte Buchführung ihrer Identität.

Ich sage hier nichts Neues. Wer in einer Realität lebt wie wir in Israel, kann leicht nachvollziehen, wie Ängste zur Schaffung neuer Ideale führen, wie Bedürfnisse in Werte verpackt werden und wie ein subjektives Weltbild entsteht mit einer Selbsteinschätzung, die mit der Realität nichts mehr gemein hat.

Je stärker das Gefühl wird, in einer Falle zu sitzen, Fehler gemacht zu haben, desto größer wird die Leere zwischen den Menschen – den Opfern der politischen Lage –

und der politischen Lage an sich. Die Ausweglosigkeit führt dazu, dass sie beginnen, diese Lage als Schicksal anzusehen.

Die Leere füllt sich permanent mit Resignation, Fatalismus und Apathie. Und in ihr entsteht auch eine eigene Sprache. Eine Sprache, die in der Regel von jenen manipuliert wird, die an der Aufrechterhaltung des kranken Zustands interessiert sind. Diese Sprache will die Wirklichkeit nicht beschreiben, sondern sie verschleiern, will vertuschen und beschönigen. Während ein Teil der Sprache eine Realität schildert, die es so nicht gibt, eine Wunschvorstellung, bleiben große, komplexe Aspekte der Wirklichkeit ungenannt, in der Hoffnung, dass sie irgendwie von selbst verschwinden. Sich in Nichts auflösen.

In dieser Situation zeigt sich eine der zweifelhaftesten Begabungen des Menschen – die Begabung zur Passivität, zur Selbstverleugnung, zum Ducken der bedrohten Seele. Mit anderen Worten, die Begabung zur Opferrolle.

Lassen Sie uns für einen Moment in den Frühling des Jahres 1987 zurückkehren: Seit zwanzig Jahren herrscht Israel als Folge des Sechstagekrieges über mehr als zwei Millionen Palästinenser. Unbestritten eine schwierige Situation. Und dennoch stellt sich heraus, dass die meisten Israelis und auch die meisten Palästinenser gelernt haben, mit dieser Schieflage zu leben; viele von ihnen halten sie für unabänderlich. Je mehr Zeit vergeht, desto mehr zementiert sich ein Status quo, und die Argumente zu seiner Rechtfertigung und sogar Verherrlichung werden zahlreicher. Damals erschienen in der Presse kaum Artikel über die besetzten Gebiete. Nur kurze Meldungen über gewalttätige Zwischenfälle, allesamt nach einem festen Muster formuliert, im Grunde Phrasen, die man überfliegt.

Ich arbeitete in diesen Jahren beim israelischen Rundfunk als Nachrichtensprecher, und auf meinem Tisch landeten zahlreiche Meldungen, die etwa folgendermaßen lauteten: »Bei einem Zwischenfall in den Gebieten wurde ein junger Bewohner getötet.«

Man beachte die raffinierte Formulierung: Der Begriff »Zwischenfall« suggeriert, dass in den besetzten Gebieten normalerweise Ordnung herrscht – ein Normalzustand wurde kurzfristig gestört.

»In den Gebieten« – man sprach nie von den »besetzten Gebieten«.

»Ein junger Bewohner« – es könnte auch ein dreijähriges Kind gewesen sein. Und natürlich hatte er nie einen Namen.

»Ein Bewohner« – Gott behüte, bloß nicht von einem »Palästinenser« sprechen – das würde bedeuten, ein Toter mit einer eindeutigen, nationalen Identität.

Und vor allem immer wieder dieses Passiv »wurde getötet«: Niemand hat ihn getötet. Denn wer wollte schon zugeben, dass unsere Hände dieses Blut vergossen haben. (Das Passiv ist mitunter die letzte Rettung des Patrioten.)

Nachdem wir die Fähigkeit verloren hatten, die Wirklichkeit mit den richtigen Worten zu beschreiben, wachten wir im Dezember 1987 plötzlich auf und waren mit einer Wirklichkeit konfrontiert, die sich kaum noch beschreiben ließ. Israel hatte sich so wirksam selbst betrogen, dass das israelische Militär noch nicht einmal Pläne in der Schublade hatte, wie auf Massendemonstrationen zu reagieren sei; und bei Ausbruch der Intifada sandte das Verteidigungsministerium hektisch Einkäufer zu den dubiosesten Märkten der Welt aus, um dort Netzwerfer, Gummigeschosse, womöglich auch noch Kiesschleudern und andere Grausamkeiten zu erwerben.

Eigentlich müsste jeder Staat, der ein Volk besetzt und unterdrückt, auf solche Massendemonstrationen vorbereitet sein. Israel war es nicht, weil ihm nicht bewusst war, dass es besetzte, weil es nicht auf die Idee kam, dass es unterdrückte, und sich selbst nicht eingestand, dass es dort ein Volk gab.

*

Neun Monate vor Ausbruch der Intifada schrieb ich mein Buch *Der gelbe Wind*. Das Buch enthielt keine neuen Tatsachen; was ich beschrieb, war zur Genüge bekannt. Aber um wirklich zu verstehen, was ich sah und fühlte, musste ich es mit meinen eigenen Worten formulieren. Am ersten Tag meiner Arbeit an dem Buch fuhr ich ins Flüchtlingslager Dahjsche und wurde mit einer Wirklichkeit konfrontiert, für die ich bis dahin keine Worte hatte. Ich fühlte etwas, was ich schon Jahre nicht mehr gespürt hatte, schon gar nicht im allgemeinen politischen Kontext: dass das Bewusstsein immer und in jeder Situation *die freie Wahl* hat, der Wirklichkeit auf eigene Weise entgegenzutreten. Und dass die literarische Verarbeitung der Realität der einfachste Weg ist, die Opferrolle nicht anzunehmen.

In diesem Sinn gewann ich durch das Schreiben meiner Sachbücher einen Teil von mir zurück, den der andauernde Konflikt, in dem wir leben, annektiert, vergesellschaftet oder »zur militärischen Sperrzone« erklärt hatte. Mir wurde klar, wie hoch der Preis ist, den wir zahlen, wenn wir freiwillig auf Teile unserer Seele verzichten, und dass dieser nicht niedriger ist als der, wenn wir auf Teile des Landes verzichten. Ich wusste, dass wir in diesem Konflikt nicht nur Palästinenser töten, und ich fragte mich, wie es sein kann, dass wir uns nicht nur mit Morden, sondern auch mit diesem Selbstmord abfinden.

*

Der Titel des Buches *Sei du mir das Messer* ist die Paraphrase eines Satzes, den Kafka an Milena schrieb: »Liebe ist, dass du mir das Messer bist, mit dem ich in mir wühle.« Das Buch *Der Kindheitserfinder* hätte ich nicht ohne den davor entstandenen Roman *Stichwort: Liebe* schreiben können, *Sei du mir das Messer* nicht ohne *Der Kindheitserfinder* – und auch dieses Buch war der Ausgangspunkt für das nächste. Mir ist bewusst, dass ich langsam einen langen Weg abschreiten muss, und dass das ganze Leben nicht ausreichen wird, um auch nur die erste Biegung zu kartographieren.

In *Der Kindheitserfinder* habe ich schwerwiegende Aussagen getroffen, Sätze, die heute wie Urteilssprüche aufgeschlagen vor mir liegen. Aber genau diese Aussagen sind es, die mir die Kraft gaben, Aharon Kleinfelds Einsamkeit zu überwinden, mich in gewisser Weise aus dem Kühlschrank zu befreien und loszuziehen – diesmal in eine andere, literarische Welt, mithilfe eines anderen, reiferen Helden –, auf einen anderen Menschen zuzugehen, nicht auf einen, den sich mein Held ausgemalt hat, sondern auf einen Menschen, der in der Realität lebt, eine Frau aus Fleisch, Blut und Seele, aus der Überzeugung, dass ein anderer Mensch überhaupt in einem wirken kann, aus der Überzeugung, dass ein Mensch in Körper, Seele und Sprache eines anderen zu Hause sein kann – und zwar furchtlos. Und zu entdecken, dass man einen Partner für die tiefsten, wortlosesten Ängste finden kann und die Schlüssel, die die niederträchtigsten Fallen, die wir uns selbst stellen, aufschließen können.

Auch dieses Buch erzählt von einer Reise zur richtigen Sprache. Die Frau ist gewissermaßen die Reiseleitung, die den Mann zu seiner wahren Sprache führt, die sie mühsam aus ihm meißelt, bis beide sich gegen Ende des Buches eine gemeinsame Sprache schaffen. Das Buch will der Ort sein, an dem und nur an dem diese innere private Sprache eine Bedeutung hat – die Sprache ihrer Liebe.

Den Anderen aus dem eigenen Innern kennenlernen, oder die Lust, Gisela zu sein

Sollten Sie mich auffordern, Ihnen zu erklären, was einen Menschen zu einem Schriftsteller macht, würde ich in erster Linie über den starken Drang sprechen, Geschichten zu erfinden. Das heißt, die häufig chaotische und unverständliche Realität in Form von Geschichten zu arrangieren; in jedem Geschehen die offenen und verborgenen Zusammenhänge zu suchen, und ihnen eine besondere Bedeutung zu verleihen; Stränge von »Handlung« darin zu betonen und die »Helden« daraus hervorzuheben.

Meiner Ansicht nach ist der Drang, eine Geschichte zu erzählen, sie zu erfinden oder sie aus der Realität zu produzieren, ein nahezu eigenständiger Trieb. Der *Geschichtentrieb* ist bei manchen Menschen – die zum Teil schließlich Schriftsteller werden – so ausgeprägt und primär wie jeder andere Trieb. Glücklicherweise trifft der Geschichtentrieb in der Welt stets auf den Paralleltrieb – nämlich auf den, einer Geschichte zuzuhören.

Dieses menschliche Bedürfnis, einer Geschichte zu lauschen, hat etwas Rührendes. Hin und wieder sitze ich auf einer Bühne und lese einem Publikum aus meinen Büchern vor. Für gewöhnlich finden diese Lesungen in den Abendstunden statt, und die meisten Zuhörer sind nicht mehr jung, haben einen Arbeitstag hinter sich und ohnehin nicht immer ein leichtes Leben. Doch wenn ich hier und da die Augen von meinem Text hebe, bietet sich mir ein phantastischer Anblick: Es ist, als hätten sich die Zuhörer innerhalb kürzester Zeit aus Müdigkeit, Problemen und Trauer geschält und bisweilen auch aus Verbitterungen, Verstimmungen und Ängsten; etwas Weiches und längst Vergessenes ist auf ihre Gesichter getreten, und für einen Moment kann man spüren – sogar regelrecht sehen –, wie sie einmal als Kinder waren.

(Möglicherweise ist das der Punkt: Es liegt etwas Kindliches – nicht Kindisches, sondern Kindliches, Ursprüngliches – in dem Bedürfnis, einer Geschichte *zuzuhören* – ebenso wie in dem Drang, sie zu erzählen.)

Zu den Dingen, die einen Menschen zu einem Schriftsteller machen, würde ich natürlich auch den Wunsch zählen, mithilfe einer Geschichte die Welt und den Menschen zu verstehen, mit all seinen Facetten, Widersprüchen und Maskeraden. Und man könnte auch das Bedürfnis des Schreibenden hinzufügen, sich selbst kennenzulernen und all den Emotionen, die ihn bewegen, zum Ausdruck zu verhelfen. Wer diese Urwünsche und Triebe nicht in sich verspürt, ist vermutlich nicht in der Lage – und will es vielleicht auch gar nicht sein –, die große seelische Mühe auf sich zu nehmen, die mit dem Schreiben verbunden ist.

*

Aber es gibt noch ein weiteres Motiv des Schriftstellers, über das ich heute sprechen möchte. Dieses Motiv, das gewiss auf die eine oder andere Weise mit dem soeben erwähnten zusammenhängt, wird mit zunehmendem Alter stärker in mir – mit zunehmendem Lebensalter und Arbeitsalter. Je stärker es wird, umso mehr empfinde ich das Schreiben und den schöpferischen Akt an sich als eine Lebensweise, eine Möglichkeit, meinen Platz auf der Welt zu finden.

Das Motiv, über das ich spreche, ist der Wunsch, freiwillig das abzuwerfen, was mich vor den anderen schützt. Der Wunsch, die meist unsichtbare Barriere, die mich von dem anderen trennt, von jedem anderen Menschen, an dem ich ein grundlegendes, tiefes Interesse habe, abzubauen; der Wunsch, mich – als Mensch, nicht zwingend als Schriftsteller – vor dem anderen bis zur Schutzlosigkeit zu entblößen, damit er mit seinem tiefsten Innern, dem Unverarbeiteten, dem Ursprünglichen in mich dringen kann.

Doch dieser Wunsch stößt sofort auf ein großes Hindernis: Je mehr ich in mich gehe, und je genauer ich mir die Menschen ansehe – ob sie mir nahestehen oder nicht –, desto mehr komme ich zu einer Einsicht, die mich zunächst überwältigt und enttäuscht und die ich schleunigst zu widerlegen versuche, indem ich mir sage, es ist nur eine Plattitüde, und die dennoch immer wieder aufkommt und sich mit unzähligen Beispielen und Variationen bei mir einschleicht. Und darum werde ich nun über sie sprechen, und Sie dürfen sie meinetwegen bestreiten und behaupten, dass sie nicht einen Funken Wahrheit enthält.

Ich bin der Meinung, dass wir, die Menschen – das heißt, die sozialen Wesen, die wir sind, die wir uns gern mit unseren menschlichen, warmen empathischen Beziehungen zu unserer Familie, unseren Freunden, unserer Gemeinschaft brüsten –, auf äußerst kompetente und vielschichtige Weise nicht nur dem *Feind* gegenüber isoliert und verbarrikadiert sind, sondern in gewisser Weise *gegenüber jedem Nächsten* – oder besser gesagt: Wir isolieren uns selbst, damit sein Inneres nicht in uns hineinstrahlt. Wir sichern uns vor all den Ansprüchen fremder Innenleben, die auf uns gerichtet sind und die ununterbrochen auf uns niederprasseln. Vor dem, was ich hier »das Chaos, das in dem anderen herrscht«, nennen werde.

»Die Hölle, das sind die anderen«, sagt Sartre, und vielleicht ist darum, wegen der Angst vor der Hölle, die in dem anderen existiert, die Epidermis, die uns umgibt, die uns von dem anderen trennt, mitunter dick und undurchlässig wie jede Mauer, die als Grenze oder Festung dient.

Schauen wir uns um: Wir werden feststellen, dass auch zwischen Partnern, die seit vielen Jahren zusammenleben – auch wenn sie mehr oder weniger glücklich sind, sich lieben und als Eltern und als Mitglieder einer Familie gut funktionieren –, oft auf beinahe instinktive, völlig unbewusste Weise diese stumme, geheime, komplizierte Vereinbarung besteht. (Deren Einhaltung im Übrigen eine äußerst raffinierte, delikate Zusammenarbeit erfordert!)

Eine Vereinbarung, die sich hauptsächlich so definieren lässt: Es ist besser, den Partner nicht bis ins Letzte zu kennen. Sich nicht allem, was ihn umtreibt, auszusetzen, diese »inneren Umtriebe« nicht zu kennen und nicht mit einem expliziten Namen zu versehen. Weil in dem gesetzten Beziehungsrahmen kein Raum für sie ist. Weil sie auch die Beziehung von innen kaputtmachen könnten, woran beide Partner nicht das geringste Interesse haben.

»... und nun wird mir klar«, schreibt der Mann in dem Buch *Sei du mir das Messer* – ein Buch, mit dem ich eine komplizierte Ehe führte, »... daß die Beziehung zwischen mir und meiner Frau so reguliert und definiert ist, daß man einfach keinen neuen und so großen Faktor in sie hineinstopfen kann (wie zum Beispiel – mich).«

Manchmal sehe ich mir solch ein älteres Paar genauer an – es gibt in meinem Bekanntenkreis mehrere, vielleicht sind Sie ja selbst schon auf so ein Paar gestoßen – und mache eine kleine gedankliche Übung. Ich versuche mir die Partner zu dem Zeitpunkt vorzustellen, als sie ein Paar wurden. Das heißt, ich versuche, ihnen die Hüllen der Zeit, des Alters, der Müdigkeit und der Routine abzustreifen und sie jung, frisch und sehr naiv vor mir zu sehen. Mitunter gelingt es mir, sie zu sehen, wie sie – in dem Moment ihrer »Verschmelzung« zum Paar – wohl übereingekommen sind, wortlos, als würde ein Unterbewusstsein mit dem anderen Unterbewusstsein verhandeln. Wie sie in einem Augenblick die Blickwinkel festlegten, aus denen sie einander von nun an bis in alle Ewigkeit sehen würden, und wie sie blitzartig eine Art komplizierte Lebensvereinbarung trafen, erstaunlich komplex, mit den allerfeinsten Nuancen. Und wie sie vielleicht gleichzeitig ebenfalls festlegten, dass ihre Liebe immer und um jeden Preis siegen würde, wie sie zugleich aber auch den Preis bestimmten; denn es muss schließlich seinen Preis haben, dass der Mensch es vermeidet, den Menschen, der ihm am nächsten steht, aus allen möglichen Blickwinkeln, mit allen Licht- und Schattenseiten zu sehen. Und ganz sicher hat es seinen Preis, dass der Mensch in seinem Partner – und der Partner in ihm – nur ganz bestimmte, definierte, vereinbarte und begrenzte »Seelengegenden« zum Sprechen bringt.

Etwas Vergleichbares läuft, selbstverständlich, auch zwischen Eltern und Kindern und zwischen Kindern und ihren Eltern ab. Manchmal, vor allem, wenn wir sehr jung sind, fällt es uns nicht leicht, unsere Eltern aus einem wirklich breiten Blickwinkel zu sehen. Möglicherweise ist es uns unangenehm, zu akzeptieren, dass auch unsere Eltern das »Recht« auf ein eigenes, privates, inneres Chaos haben. Und dass auch Mutter und Vater nicht nur eine Seele haben, sondern ebenfalls – um Himmels willen! – ein Recht auf ihre eigene Psychologie, und dass sie ihrerseits Vater und Mutter haben, und dass man ihnen irgendwann Dinge angetan hat, die bei ihnen Wunden, Narben und Entstellungen hinterließen.

Vielleicht fällt es uns sogar am schwersten, uns mit den Dunkelheiten zu konfrontieren, die wir in den Seelen unserer Kinder vermuten, vor allem, wenn sie jung und zerbrechlich sind. Wir könnten uns kaum eingestehen, dass auch in ihren Seelen, den zarten, den unschuldigen, ein dunkler Abgrund klaffen mag, aus dem Triebe ausbrechen können und Bedürfnisse, befremdliche Reaktionen und Verrücktheiten, die uns bedrohlich erscheinen. Da ich selbst Vater bin, kann ich bezeugen, dass schon der Gedanke daran unerträglich ist, vielleicht vor allem wegen des Schuldgefühls, das er auslöst.

Eine solche Barriere zwischen einem Menschen und einem anderen können wir auch unter Freunden antreffen, und mögen es »die besten«, ja regelrechte Seelenverwandte sein. Auch bei den tiefsten, treuesten, dauerhaftesten Freundschaften werden wir hin und wieder eine dünne Schranke spüren, eine unbestimmte Scheu davor, alles zu wissen, einen Schutzwall, transparent, aber stabil, vor jener verborgenen Düsterkeit in unserem besten Freund.

Mir fällt der witzige, tragikomische Dialog zwischen den Helden aus *Warten auf Godot,* Wladimir und Estragon, ein: »Ich träumte, dass ...« »Erzähl es nicht!« »Wem soll ich denn meine Angstträume erzählen, wenn nicht dir?« »Behalt sie für dich.«

Wenn man genauer darüber nachdenkt, muss man sich über den Mangel an Bereitschaft – Mangel an Mut? –, sich der Komplexität unseres Nächsten zu stellen, vielleicht nicht so sehr wundern: Schließlich lehrt uns die Lebenserfahrung, dass viele Menschen es nicht einmal eilig haben, sich dem zu stellen, was in ihrem *eigenen Innern* vorgeht.

Und vielleicht unterscheidet sich die Mühe, die wir uns machen, um den anderen nicht in seiner ganzen Vielschichtigkeit zu sehen, gar nicht so sehr von der Anstrengung, die wir – beinahe unbewusst – auf uns nehmen, um nicht den vielen schrillen »Anderen«, die es in jedem von uns gibt, ins Netz zu gehen, um nicht in all die alternativen Existenzen und Versuchungen und Weichenstellungen in uns zu zerfallen? Wir geben uns eine nicht enden wollende Mühe, um diesen steifen inneren Rahmen aufrechtzuerhalten. Den Ringanker, mit dem unsere vertrackte, trügerische Seele zusammengehalten – und manchmal auch gefesselt wird.

Nebenbei bemerkt, hat das Schreiben mir bewusstgemacht, wie sehr ich mich, meist instinktiv, anstrenge, um nicht in all die Möglichkeiten zu zerfasern, in all die Charaktere und die vielen Identitäten, die Eigenschaften, Bedürfnisse und Triebe, die in meinem Innern im Verborgenen agieren, die mit großer Effizienz scheinbar unterdrückt werden und mich dennoch in alle Richtungen zerren.

*

Wir Menschen fürchten uns vor dem, was wirklich im Innern des Anderen geschieht. Wir haben Angst vor der geheimnisvollen, unausgesprochenen, unverarbeiteten Glut, die keiner gesellschaftlichen Dressur unterzogen werden kann, keiner Veredelung, keiner Höflichkeit und keinem Takt; die durch und durch triebhaft ist, wild und chaotisch und absolut nicht politisch korrekt; die traumhaft ist und albtraumhaft zugleich, extrem und nackt, erotisch und zügellos, wenigstens wenn man den Definitionen des Verhaltenskodex folgt, der unter »kultivierten« (was auch immer das bedeuten mag) Menschen besteht; eine Glut, die aberwitzig ist und manchmal brutal, oft animalisch im positiven und im negativen Sinne; die, wenn Sie so wollen, das Magma ist, das heiße Urmaterial, das im Innern jedes Menschen brodelt, allein durch die Tatsache, dass er ein Mensch ist, durch die Tatsache, dass sich in ihm so viele Kräfte und Triebe, Wünsche und Bedürfnisse kreuzen. Es ist dieses Magma, das normalerweise bei gesunden Menschen – auch bei den stürmischsten unter ihnen – abkühlt und versteinert, wenn es nach draußen gelangt, das heißt, wenn es mit anderen Menschen oder mit den Restriktionen der Realität in Berührung kommt. Und das sich dann in einen Teil des gesellschaftlichen, »normativen« Geflechts verwandelt.

In meinen Augen ist das Schreiben, das Schreiben von Literatur – unter anderem –, ein Akt des Protests und des Trotzes, sogar der *Rebellion* gegen diese Angst, gegen die Verführung, mich in mir selbst zu verbarrikadieren, eine kaum fühlbare Trennwand zu ziehen, nett und freundlich, aber äußerst effizient, zwischen mir und den anderen, und letztendlich auch zwischen mir und mir selbst.

Ich möchte noch einmal klarstellen: Der originäre Drang, der das Schreiben begründet und überhaupt möglich macht, liegt in dem Wunsch, eine Geschichte zu erfinden und zu erzählen und *sich selbst* kennenzulernen. Doch je länger ich schreibe, desto mehr spüre ich, wie ein zweiter Drang sich meiner immer stärker bemächtigt und den ursprünglichen Schreibdrang ergänzt – nämlich der Wille, *den Nächsten aus meinem eigenen Innern kennenzulernen*; der Wunsch, jene Angst, die ich bereits erwähnte, zu überwinden und wahrhaftig zu fühlen, was es bedeutet, in die Haut eines anderen Menschen zu schlüpfen. Die Lunte zu spüren, die in einem anderen Menschen brennt.

Und dies ist etwas, das man vielleicht auf keine andere Weise erreichen kann. Wir neigen zu der Annahme, dass wir in den Momenten, in denen wir mit Leib und Seele bis zur Neige mit einem anderen Menschen verschmelzen, diesen auf eine Art kennen, die ihresgleichen sucht. In der hebräischen Bibel benutzt man zur Beschreibung des Liebesaktes das Wort »erkennen«. »Und Adam erkannte sein Weib Eva«, steht in der Genesis. Immerhin meinen wir auf diesen Höhepunkten der Liebe, falls wir nicht mit unserem ganzen Wesen auf uns selbst oder auf starke Projektionen unserer Wünsche auf unseren Partner konzentriert sind, im Allgemeinen vor allem das Gute, das Schöne, das Anziehende und das Entzückende an unserem Partner. Nicht seine Komplexität, nicht all seine Schattenseiten, kurzum nicht alles, was ihn zu »einem Anderen« macht, in der tiefsten und vollsten Bedeutung des Wortes.

Aber wenn wir über einen Anderen *schreiben,* über jeden Anderen, möchten wir zu einer Kenntnis gelangen, die auch die ungeliebten Teile von ihm einbezieht, die abschreckenden und bedrohlichen Anteile. Die Stellen, an denen seine Seele zerhackt und sein Bewusstsein zerbröselt ist. Die kochenden Kessel des Extremen, der Sexualität und des Animalischen, über die ich schon gesprochen habe. Den Ort, an dem das Magma seinen Ursprung hat, bevor es sich erhärtet und lange bevor es in Worte umgewandelt wird.

Und auch wenn wir während des Schreibprozesses auf beinahe unbewusste Weise »eine Projektion« unserer Seele auf die Seele des Anderen, über den wir schreiben, vornehmen, und auch wenn wir den Anderen häufig »benutzen«, um von uns zu erzählen und uns selber zu verstehen, besteht der *Wunsch,* über den ich heute spreche, auch in die andere Richtung. Den Mut zu haben, sich von den Fesseln des »Ichs« zu befreien und den Kern des Nächsten zu erreichen und dort den Anderen zu erleben als einen Menschen, *der an sich und für sich existiert,* als einen Menschen, der ein ganzer Kosmos ist, mit eigenen inneren Gesetzmäßigkeiten und einer eigenen Logik.

Dann kommen wir, für Momente, in den Genuss eines Blicks – und vielleicht kann man hier auch verweilen – auf die Stelle, die normalerweise nur schwer und selten bei dem anderen zu sehen ist. Die Stelle, wo sich der »Kern seines Reaktors« vor unseren Augen zeigt, jene Stelle, in der Seele des Menschen, in der seine Träume, Albträume und Phantasien, die Schrecken und Sehnsüchte und all die anderen Dinge, die uns menschlich machen, geschaffen werden.

Und erstaunlicherweise habe ich gerade dann, wenn es mir gelingt, mir diesen Wunsch zu erfüllen – in jenem »Kern eines Reaktors« des Nächsten zu verweilen –, gerade dann habe ich – der Schreibende – kein Gefühl des Verlusts meiner selbst oder des Verschmelzens mit jenem Anderen, über den ich schreibe, sondern ganz im Gegenteil das deutliche Bewusstsein »der Andersartigkeit des Andern«, des Getrenntseins von diesem Anderen, ein messerscharfes, erwachsenes Gefühl für etwas, das ich als »das Prinzip des Anderen« bezeichnen würde.

Wenn wir ein Buch lesen, das auf diese Weise verfasst wurde – das heißt, wenn es dem Schriftsteller wahrhaftig gelungen ist, den Anderen zu verinnerlichen und dennoch auch er selbst zu bleiben –, erwacht in uns, den Lesern, ein besonderes Hochgefühl, das Gefühl der Teilhaberschaft an dem seltenen Moment der Berührung, an einem kostbaren menschlichen Geheimnis, an einem tiefen existenziellen Erlebnis. Und zu diesem Gefühl gesellt sich bekanntlich ein zweites Gefühl, nicht weniger kostbar und aufregend, das Gefühl der wirklich intimen Nähe zu der Person, von der das Buch, das wir lesen, handelt. Das Gefühl von Verständnis und tiefer Empathie mit ihr und ihren Motiven, selbst wenn wir ganz und gar nicht mit ihr einverstanden sind. Es entsteht in uns der Eindruck, dass es eine manchmal verblüffende, bisweilen verleugnete und als bedrohlich empfundene Ähnlichkeit zwischen ihr und uns gibt. Und auch wenn es sich um eine Figur handelt, die Ablehnung oder sogar Antipathie und Abscheu in uns auslöst, entsteht keine völlige Fremdheit in der Beziehung zu ihr, keine Distanzierung. Unsere Gefühle für diese Person halten uns auch von einer elementaren, eindimensionalen und vielleicht sogar gnadenlosen Kritik ihr gegenüber ab. Oft erkennen wir, dass wir nur durch ein Wunder oder durch einen absoluten Zufall davor bewahrt wurden, in unserem eigenen Leben jene abscheuliche Figur zu sein, und dass die Möglichkeit, sie – diese Figur – zu sein, existiert und in unserem tiefsten Innern ihr Unwesen treibt.

*

Aber nicht nur in die *Seele* des anderen müssen wir schlüpfen, wenn wir über ihn schreiben, sondern regelrecht in seine Haut, in seinen Körper, mit all seinen Schwächen und Unzulänglichkeiten, mit seiner Schönheit und Hässlichkeit. In diesem Zusammenhang möchte ich eine kleine Anekdote zum Besten geben:

Vor einigen Jahren erschien mein Buch *Stichwort: Liebe.* Ein paar Wochen später fuhr ich gegen Abend mit dem Bus von Tel Aviv nach Jerusalem, und gemeinsam mit den anderen Fahrgästen hörte ich die Nachrichten im Radio. Und siehe da, in der »Kulturecke« (Kultur muss man bekanntlich immer in irgendeine Ecke stecken, damit sie nicht Oberwasser bekommt und die wichtigeren Nachrichten überdeckt) las ein Schauspieler einen Abschnitt aus meinem Buch. Einen Abschnitt, in dem Gisela beschrieben wurde, Momiks Mutter, wie sie an der Nähmaschine, der berühmten Singer, sitzt und näht und ihr Fuß auf und nieder geht auf dem Pedal, das Onkel Shimek ihr unten an der Maschine angebracht hat.

In diesem Moment drehte der Busfahrer, der wohl die trostlose Stimmung der Geschichte nicht länger ertrug, am Knopf des Radios und schaltete weiter zu einem fröhlicheren Sender mit israelischer Musik. Ich vermute, die meisten Fahrgäste im Bus atmeten erleichtert auf, während ich zerknirscht zurückblieb – einmal wegen der persönlichen Kränkung meiner Person und meines Buches, aber auch, weil ich plötzlich nicht mehr wusste, von welchem Pedal da die Rede war, wieso Onkel Shimek ein Zusatzpedal angebracht hatte; schließlich hatte die Singermaschine in meiner Erinnerung ein wunderbar bequemes Metallpedal. Ich pflege keine Requisiten und Instrumente grundlos in meine Geschichten zu schleusen. Kurzum, ich kam nicht dahinter, was mich beim Schreiben des Buches dazu gebracht hatte, dieses zusätzliche Hilfsmittel einzuführen.

Ich konnte den Rest der Fahrt kaum stillsitzen. Als ich endlich zu Hause ankam, schlug ich eilends das Buch auf und fand besagte Stelle. Ich las die Fortsetzung des im Bus amputierten Satzes, und es fiel mir wie Schuppen von den Augen, dass Giselas Beine schlichtweg nicht an das singersche Originalpedal reichten. An einer anderen Stelle des Buches stieß ich auf ein weiteres Faktum, das ich aus unerfindlichem Grunde vergessen hatte, nämlich dass Gisela von auffällig niedrigem Wuchs war.

Ich erinnere mich noch genau an die Freude, die mich

erfasste. Denn auf einmal wurde mir etwas Simples, Tiefgründiges über das Schreiben klar: Wäre beispielsweise in meinem Haus ein Rollladen defekt oder ein Türgriff reparaturbedürftig, würden wohl Wochen vergehen, bis ich die Zeit fände, sie zu reparieren. Meine Frau müsste mich alle paar Tage daran erinnern, ich selbst müsste mir Zettel und Memos an allen möglichen Plätzen anbringen (und peinlich darauf achten, sie sofort zu übersehen), und schließlich, wenn ich keine Wahl mehr hätte und die Proteste der Hausbewohner meine ohnehin schwache Position als Familienvater gefährdeten, würde ich mich geschlagen geben und die Reparatur vornehmen.

Aber wenn ich eine Geschichte schreibe und in dieser Geschichte solch eine Gisela herumläuft, klein und korpulent, *verwandele ich mich im Laufe des Schreibens nach und nach in diese Gisela.* Selbst wenn sie in der Geschichte nur eine Randfigur ist, und auch wenn sie in der Geschichte nur ein paar Seiten lang vorkommt, muss ich, will ich, lechze ich danach, Gisela zu sein.

Und wenn ich Gisela *schreibe*, gehe ich wie Gisela, esse ich wie Gisela und werfe mich nachts im Schlaf herum wie Gisela in ihren Albträumen. Und ich keuche schwerfällig hinter dem Bus her und messe jede Entfernung, die ich zu Fuß zurücklegen muss, nach dem Maßstab ihrer kurzen, dicken, bandagierten Beine. Und wenn ich meine Gisela an die Nähmaschine setze, sprudelt das zusätzliche Pedal, ohne das sie nicht an die Singervariante reichen würde, wie selbstverständlich aus mir heraus.

Ich bin mir sicher, auch wenn ich das zusätzliche Pedal nicht hinzugefügt hätte, hätten die meisten Leser beim Lesen der Beschreibung der nähenden Gisela sein Fehlen gar nicht registriert. Nicht nur das: Sogar wenn ich selbst nach einer Weile diesen Abschnitt gelesen hätte, wäre mir nicht aufgefallen, dass dort etwas fehlt.

Nichtsdestotrotz hätte es gefehlt. Irgendein kleines Loch von der Größe eines Pedals hätte in der Geschichte geklafft. Und der Fuß der bedauernswerten Gisela hätte für alle Ewigkeiten über dem Singerpedal gehangen, und es wäre ihr nie und nimmer gelungen, das Rad der Maschine in Gang zu setzen; es ist durchaus möglich, dass an anderen Stellen des Buches ähnliche kleine Vakuen entstanden wären, die sich auf ihre stumme, heimliche Art zusammengetan und im Herzen des Lesers ein lästiges Gefühl von Leere hinterlassen hätten, und ein dumpfes Misstrauen gegenüber der Nachlässigkeit des Autors, vielleicht sogar ein Gefühl des Vertrauensbruchs.

Doch wenn der Schriftsteller sich die Freiheit nimmt, Gisela zu sein, wenn er die seltene, wunderbare Einladung wahrnimmt, mit Leib und Seele diese Gisela zu sein, werden sich Zusatzpedale und noch tausend andere Details und Gefühle und Realitätsrequisiten von selbst aus ihm ergießen, und er kann sie der Figur, über die er schreibt, schenken.

Diese Eingebungen sind dem Schreiber größtenteils gar nicht bewusst. Sie geschehen auf so absolut natürliche Weise, wie der Baum seine Früchte hervorbringt. Und wenn sie da sind, kann der Schreiber Gisela – beinahe ohne nachzudenken – das Zusatzpedal zur Verfügung stellen, und ihr Fuß gelangt an das Singerpedal, und sie kann es bedienen, und das Pedal wird das große seitliche Rad in Gang setzen, und es wird sich drehen, und das Rad der Geschichte wird sich mit ihm drehen, und die ganze zerbrechliche aberwitzige Welt, die durch die Kombination von Phantasie und Realität und Buchstaben auf Papier entsteht, wird sich vollständig und zielsicher in Bewegung setzen.

Wenn ich eine Figur entwerfe, möchte ich ihre Charaktereigenschaften und Gemütszustände so gut es geht kennenlernen, spüren und erleben, darunter auch Dinge, die man kaum benennen kann: zum Beispiel ihren psychischen und physischen Tonus – ihre Muskelspannung –, ihre Lebendigkeit, Wachsamkeit und Behutsamkeit ihrer körperlichen und seelischen Existenz. Die geistige Beweglichkeit, den Rhythmus ihres Sprechens, die Pausen zwischen ihren Worten, ihr Lachen, die Beschaffenheit ihrer Haut, ihres Haars und ihre Lieblingsposition bei Schlaf und Beischlaf.

Selbstverständlich wird nicht alles in ein Buch eingehen: Es ist immer besser, wenn nur die Spitze des Eisberges, nur ein Zehntel von dem, was der Schriftsteller über seine Figuren weiß, in einem Buch auftauchen. Aber der Schriftsteller selbst muss auch die neun Zehntel unter Wasser kennen und spüren. Denn nur das, was an der Oberfläche erscheint, wird die Wahrheit nicht treffen;

doch wenn die neunzig Prozent im Bewusstsein des Schriftstellers existieren, reflektieren sie ihre Glaubwürdigkeit auf die Geschichte, dienen ihr als Resonanzkasten, als feste Basis, und sie sind es, die dem Leser einen vollendeten Charakter präsentieren.

Ich kann Ihnen versichern, wenn ich zu einer solchen Kenntnis des anderen gelange – das passiert mir nicht immer, nicht bei jeder Figur, ich wünschte, ich könnte diesen Zustand bei jeder Figur erreichen, aber zu meinem Leidwesen ist dem nicht so –, wenn ich in der Geschichte, die ich schreibe, an diesen Punkt gelange, empfinde ich eines der größten Glücksgefühle, die es beim Schreiben gibt: die Möglichkeit, meinen Figuren zu erlauben, in mir sie selbst zu sein. Das heißt, der Schriftsteller wird zu dem Raum, in dem seine Figuren Talente und Wünsche, Handlungen, Triebe, Albernheiten, Wahnsinnstaten und Gnadenmomente verwirklichen. Dinge, zu denen der Autor persönlich vielleicht gar nicht in der Lage wäre – weil er ein begrenzter Mensch ist (mit einer »Grenze« und voller Unzulänglichkeiten) und weil diese Talente, Wünsche und Aktivitäten ihm bedrohlich erscheinen oder ihn gewissermaßen in Frage stellen und manchmal geradezu widerlegen.

Und wie wundersam ist das, was für ein Glück, wie sehr belohnen einen solche Momente. Es ist, als würde der Verfasser beim Schreiben über eine bestimmte Figur selbst auch von ihr geschrieben. Oder als würde plötzlich irgendeine unbekannte Option seines eigenen Charakters ausformuliert, eine Option, die stumm, latent und unterdrückt war, von einer der Figuren erlöst.

Ich kann aus eigener Erfahrung sagen, wie herrlich es ist, wenn eine Figur, die ich erfand, mich auf diese Weise verblüfft oder sogar betrügt. Das heißt, wenn sie meinem Bewusstsein, meinem Charakter und meinen Ängsten zuwiderhandelt, meinen Horizont überschreitet. Das Gefühl, das einen in solchen Momenten erfasst, ist eine Kombination außergewöhnlichen physischen und psychischen Glücks: als ob irgendeine starke Identität, die mir nicht einmal vollständig bekannt ist, mich regelrecht dazu zwingt, aus meiner Haut zu schlüpfen und abzuheben.

*

Und hier kommen wir zu einem weiteren Thema, das sich aus dem vorherigen ergibt und eng mit ihm zusammenhängt. Ich möchte ein paar Worte darüber verlieren, was die schriftstellerische Tätigkeit für Menschen wie uns bedeutet, die wir schon seit hundert Jahren in einem Gebiet leben, das man, ohne jede Übertreibung, als Katastrophengebiet bezeichnen kann.

Vorab möchte ich bemerken, dass ich nicht die Absicht habe, hier über »Politik« im begrenzten engeren Sinne zu sprechen, in ihrem kränkenden Sinne, sondern über die intimen, inneren Prozesse, die bei den Bewohnern solch eines Katastrophengebietes ablaufen, und über den Stellenwert der Literatur und des Schreibens in einem tödlichen Klima wie dem unseren.

In einem Krisengebiet zu leben bedeutet in erster Linie, unter Spannung zu stehen, sowohl körperlich wie seelisch. Es ist, als ob die Muskulatur immer ein wenig verspannt und verkrampft wäre, gewappnet für einen Schlag oder eine plötzliche Flucht. Wer unter solchen Umständen lebt, weiß, dass sich nicht nur der Körper, sondern auch die Seele verkrampft, auf die nächste Bombenexplosion oder die nächste Nachrichtensendung gefasst ist. »Der Lachende hat die furchtbare Nachricht nur noch nicht empfangen«, schrieb Bertolt Brecht, auch er ein erfahrener Bewohner eines Katastrophengebiets, in seinem Gedicht »An die Nachgeborenen«. Wer in solch einer Realität lebt, muss feststellen, dass er ständig auf der Lauer liegt: Er rüstet sich für den Schmerz, der kommen wird, für die Erniedrigung, die nicht ausbleiben wird.

Es lässt sich kaum feststellen, in welchem Moment der brutale Wandel sich vollzieht. Ab wann die Frage nicht mehr relevant ist, ob der Schmerz oder die Erniedrigung tatsächlich eintreffen werden, weil man ohnehin schon bis zum Hals darin steckt, auch wenn Schmerz und Demütigung nur potenziell sind. Im Grunde *produziert* man sie in seinem Innern. Man führt ein komplettes, routiniertes Leben, das ganz von der Erniedrigung bestimmt ist, aus Angst vor der Erniedrigung. Meist nimmt man gar nicht mehr wahr, wie sehr das Leben mit der Angst vor der Angst stattfindet. Und in welchem Maße die Angst nach und nach unser Wesen verändert und verzerrt – dies gilt für das Individuum und auch für die Gesellschaft – und wie sehr sie einem die Lebensfreude und den Geschmack am Leben raubt.

Und nun sagen Sie mir bitte nicht, dass das Leben hier mehr oder weniger normal oder erträglich sei und dass wir uns längst irgendwie an die zyklischen Kriege gewöhnt hätten und dass wir gelernt hätten, das Beste aus dem Leben in dieser brutalen Gegend zu machen. Man kann sich nicht an solch eine verzerrte Lage gewöhnen, ohne einen hohen Preis dafür zu bezahlen. Den höchsten Preis: den Preis der Lebendigkeit, den Preis der Sensibilität, Menschlichkeit, Neugier, Gedankenfreiheit. Den Preis, vor lauter Angst und Schrecken nicht mehr als ganzer Mensch und wach vor dem Nächsten zu stehen: nicht nur vor dem Feind, sondern vor jedem *Anderen*.

Während ich dies sage, erwacht in mir die Furcht, dass wir nach den vielen Jahren, in denen wir fast all unsere Kraft und unser Blut, unser Denken, unsere Aufmerksamkeit und Erfindungsgabe auf die äußeren Grenzen gerichtet haben, um sie zu schützen, um sie mehr und mehr zu sichern und zu festigen, jetzt vielleicht nahe daran sind, uns in eine Rüstung zu verwandeln, in der es keinen Ritter mehr gibt, keinen *Menschen*.

*

Lassen Sie uns für einen Moment zur Literatur zurückkehren.

Sie läuft dem Prozess, den ich hier beschrieben habe, entgegen. Schließlich tun wir beim literarischen Schreiben alles, um jeden Charakter unserer Geschichten aus der Fremdheit und Stummheit zu erlösen, um ihn aus den Fesseln des Stereotyps und des Vorurteils zu befreien. Wenn wir eine Geschichte schreiben, kämpfen wir darum – manchmal jahrelang –, alle Aspekte einer menschlichen Figur zu verstehen; ihre inneren Widersprüche, ihre Motive und ihre Hemmungen, jenes brodelnde Magma, von dem ich bereits gesprochen habe.

Es liegt etwas Weiches, beinahe Mütterliches in der Art, in der ein Schriftsteller mit all seinen Sinnen, mit seinem Bewusstsein und Unterbewusstsein, im Träumen und Wachen, jeden Hauch eines Gefühls und einer Empfindung, die durch die von ihm geschaffene Figur huschen, nachzuempfinden versucht. Etwas Nacktes, völlig Entblößtes, sich selbst Aufgebendes hat die Bereitschaft des Schriftstellers, sich schutzlos dem Inneren der Figur hinzugeben, über die er schreibt – und beinahe hätte ich gesagt, mit der er sich vereint.

Schließlich bedeutet das Schreiben eines Romans, für ein paar Dutzend Figuren die alleinige Verantwortung zu übernehmen. Niemand nimmt uns das ab. Kein anderer wird unsere Charaktere immer wieder von Neuem beatmen. Manchmal vergleiche ich diese Aufgabe mit der Lage eines Menschen, der während des Kriegs eine große Familie in einem Keller versteckt, eine Familie, die Frauen und Männer, Greise und Kinder umfasst. Dieser Mensch muss mindestens einmal täglich hinab in den Keller steigen, um den Versteckten Wasser und Nahrung zu bringen.

Hin und wieder sollte er mit ihnen über ihre Verfassung reden. Er sollte versuchen, die angespannte Lage, in der sie sich befinden, zu entschärfen, die Streitigkeiten, die unter ihnen entstanden sind, zu schlichten und praktische Lösungen für ihre unmittelbaren Nöte vorzuschlagen. Er täte auch gut daran, ihnen das, was in der Welt geschieht, mitzuteilen und sich ihre Geschichten und Erinnerungen anzuhören. Und ihnen all das in Erinnerung zu rufen, wovon sie träumen dürfen, was sie vermissen dürfen, damit sie für einen Moment das stickige Loch vergessen, in dem sie stecken.

Und dann, wenn er all diese guten, edlen Dienste verrichtet hat, muss er auch ihre vollen Nachttöpfe leeren. Nur er allein kann all diese Tätigkeiten für sie übernehmen, und kein anderer kann es an seiner Stelle tun.

Genauso geht es dem Schriftsteller mit seinen Charakteren: Mit Haut und Haar, mit seinem ganzen Talent und seinem Einfühlungsvermögen ist er für ihren prall gefüllten Lebensraum zuständig, für die ganze Bandbreite der menschlichen Bedürfnisse – von den intellektuellen bis zu den durch und durch leiblichen. Er muss all ihren Anliegen seine komplette Hingabe schenken.

Und wenn es etwas gibt, was die Politiker und Staatsmänner von der Literatur lernen könnten, so ist es die Art, wie sie sich der Lage und den in ihr gefangenen Menschen zuwendet (schließlich sind es die Politiker und Staatsmänner, die in hohem Maße Verantwortung für die Tatsache tragen, dass solche Fallen überhaupt gestellt wurden und Menschen in schwerer Lage darin festsitzen!). Und auch wenn sie nicht dazu fähig sind, ihren Auftrag hingebungsvoll zu erfüllen, dürfen wir wenigstens die gleiche Art des Zuhörens von ihnen verlangen und ihre volle Einsatzbereitschaft, um den Menschen in der Rüstung wiederzubeleben.

Wer auf die Gabe des Zuhörens und die Einsatzbereitschaft schwört, verpflichtet sich im Grunde, ununterbrochen die simple Tatsache in Erinnerung zu behalten, die man so gerne übersieht: dass in den Rüstungen Menschen stecken. In unseren und in denen unserer Feinde. In der Rüstung der Angst, der Gleichgültigkeit, des Hasses und der Verkümmerung der Seele. Was in jedem von uns in diesen schweren Jahren immer mehr erloschen ist, hinter all den Schutzwällen und Straßensperren und Wachtürmen gibt es *Menschen*.

Schließlich liegt es in der Natur jedes Kriegszustands, die Menschen in gesichtslose Wesen zu verwandeln, eindimensional und ohne eigenen Willen. Kriege, Armeen, Regierungen und extreme Religionen versuchen ununterbrochen die Nuancen zu verwischen, welche die persönliche, private Einzigartigkeit ausmachen, das einmalige Wunder jedes Individuums. Sie versuchen, die Menschen in eine Masse, in einen Mob zu verwandeln, damit sie zu ihren Zielen und der Lage schlechthin besser passen.

Die Literatur – nicht unbedingt dieses oder jenes Buch, sondern die Art des Zuhörens, die echte Literatur bewirkt – ruft uns dazu auf, uns aus der Umklammerung der »politischen Lage« zu lösen und unser Recht auf Individualität und Einzigartigkeit zu reklamieren. Sie hilft uns dabei, uns einen Teil der Dinge zurückzuholen, die diese »Lage« permanent zu beanspruchen und zu vergesellschaften versucht: die differenzierte, einfühlsame Hinwendung zu dem einzelnen Menschen, der in dem Konflikt gefangen ist, ob auf unserer Seite oder auf der anderen. Die komplizierten Abstufungen der Beziehungen zwischen den Menschen und den verschiedenen Gruppierungen; die Präzision der Worte und der Bilder, die Flexibilität der Gedanken; die Fähigkeit und den Mut, die Sichtweise, in der wir erstarrt (und manchmal regelrecht versteinert) sind, hin und wieder zu korrigieren. Die tiefe, notwendige Erkenntnis, dass man jede menschliche Situation aus mehreren verschiedenen Blickwinkeln sehen kann, ja muss.

Wenn uns dies gelingt, können wir vielleicht an den Punkt gelangen, an dem – ohne dass wir einander ausradieren müssen, ohne dass der eine vor dem anderen in die Knie gehen muss – die vollkommen entgegengesetzten Geschichten unterschiedlicher Menschen, unterschiedlicher Völker und sogar eingeschworener Feinde gleichzeitig nebeneinander existieren. Nur wenn wir dahin gelangen – und nur wenn der Feind ebenfalls den gleichen Punkt erreicht –, werden wir endlich in der Lage sein zu verstehen, dass in ernsthaften politischen Verhandlungen unsere Wünsche sich mit den Wünschen des Feindes treffen müssen und dass wir dazu verpflichtet sind, auch deren Recht und deren Legitimation anzuerkennen – falls sie tatsächlich rechtmäßig und legitim sind. Das wäre der Moment, in dem wir alle, das heißt die streitenden Parteien, die schweren »Pubertätsbeschwerden« spüren würden, die jede Ernüchterung und jede Einsicht begleiten, nämlich dass unserem Talent, uns die Realität selbst so zurechtzubiegen, dass sie auf absolute und perfekte Weise allein auf unsere Bedürfnisse passt, eine Grenze geboten ist.

Das wäre auch der Moment, in dem wir das verstehen würden, was ich *das Prinzip des Anderen* genannt habe, dessen tiefste Bedeutung, wenn Sie so wollen, sein Recht auf Existenz ist (sowie sein Recht auf seine Geschichten, seine Schmerzen und seine Hoffnungen). Das ist das Theorem des Archimedes. Nur wenn wir dies erreichen, können wir anfangen, die Hindernisse abzubauen und die Sprengsätze zu entschärfen, die uns daran hindern, den Konflikt zu lösen.

Denn wenn wir uns in den anderen hineinversetzen – auch wenn dieser andere ein Feind ist –, werden wir ihm nie wieder völlig gleichgültig gegenübertreten. Etwas in unserem Innern wird ihm, oder zumindest seiner Komplexität, verpflichtet sein. Es wird uns schwerfallen, ihn völlig zu leugnen. Ihn als »Unmenschen« abzutun. Wir werden uns nicht länger mit der üblichen Leichtigkeit, in der wir so geübt sind, davonschleichen vor seinem Leiden, vor seinem Recht, vor seiner Geschichte. Vielleicht werden wir sogar ein wenig toleranter werden, was seine Fehler anbelangt. Schließlich werden wir auch seine Fehler als einen Teil seiner Tragödie begreifen; übrigens könnten wir – falls uns noch Kraft und Großzügigkeit bleiben – sogar die Bedingungen schaffen, die es unserem Feind erleichtern, sich aus seinen eigenen inneren Fallen zu befreien. Auch wir würden davon profitieren.

*

Über den Feind zu schreiben bedeutet in allererster Linie, über den Feind nachzudenken. Das ist fraglos die Pflicht jedes Menschen, der einen Feind hat, und wenn er sich hundertmal im Recht fühlt. Auch wenn die Bosheit und die Brutalität und der Irrtum des Feindes auf der Hand liegen. Über den Feind nachzudenken (oder zu schreiben) bedeutet nicht, ihn zu rechtfertigen. Ich kann mir beispielsweise nicht vorstellen, über einen Nazi zu schreiben, um ihn zu entlasten, obwohl ich in *Stichwort: Liebe* das Bedürfnis – und sogar die Pflicht – verspürte, mich mit einem Nazioffizier auseinanderzusetzen, weil ich verstehen wollte, wie ein normaler, durchschnittlicher Mensch zu einem Nazi werden konnte, wie er sich vor sich selbst rechtfertigte und welche Prozesse er dabei durchlaufen hat.

Hierzu hat sich Sartre in seinem Essay »Warum schreiben?« geäußert: »... niemand könnte auch nur einen Augenblick annehmen, daß man einen guten Roman zum Lobe des Antisemitismus schreiben kann. Denn sobald ich erfahre, dass meine Freiheit unlöslich an die aller Menschen gebunden ist, kann man von mir nicht verlangen, daß ich sie dazu verwende, die Unterdrückung einiger von ihnen zu billigen.«

Sartre war vielleicht in seiner Feststellung ein wenig naiv, dass niemand auch nur einen Augenblick annehmen könnte, dass man einen Roman zum Lobe des Antisemitismus schreiben kann. Solche Bücher wurden geschrieben und werden wohl immer geschrieben werden. Aber er hat in dem einen Punkt vollkommen recht, nämlich dass die Grundvoraussetzung für das Schreiben und die Essenz des literarischen Aktes die Freiheit ist. Die Freiheit, anders zu denken, Menschen und Situationen mit anderen Augen zu sehen, auch wenn sie unsere Feinde sind.

Also – über den Feind nachdenken. Ernsthaft und mit voller Konzentration über ihn nachdenken. Ihn nicht nur hassen oder fürchten, sondern ihn sich als Menschen oder als Gesellschaft oder als Volk vorzustellen, dessen Ängste und Hoffnungen, Glauben und Denkweise, Interessen und Wunden andere sind. Den Feind der Nächste sein zu lassen, mit allem, was dazugehört. Das könnte auch aus militärischer Sicht, nachrichtendienstlich, hilfreich sein. In dem Sinn, dass man den Feind aus dem eigenen Innern verstehen könnte. Es könnte uns helfen, die Realität an sich zu verändern, sodass dieser Feind sukzessive aufhören würde, ein Feind zu sein.

Ich möchte allerdings klarstellen, dass ich nicht davon spreche, »den Feind zu lieben«. Ich kann nicht von mir behaupten, dass ich mit solch edler Großzügigkeit gesegnet wäre (und ich misstraue ihr bei anderen immer ein wenig), aber ich plädiere für die aufrichtige Bemühung, zu versuchen, den Feind zu *verstehen*, seine Motive, seine innere Logik, seine Weltanschauung und die Geschichte, die er sich selbst erzählt.

Natürlich ist es nicht einfach, die Realität mit den Augen des Feindes zu sehen. Es ist noch schwerer und angsteinflößender, auf unsere raffinierten Schutzmechanismen zu verzichten. Uns den Gefühlen auszuliefern, mit denen der Feind den Konflikt mit uns erlebt. Wie er uns überhaupt erlebt. Wir riskieren den Verlust unseres Glaubens an uns selbst und daran, dass wir im Recht sind. Es birgt eine Gefahr der Erschütterung unserer »offiziellen Geschichte« – die in der Regel auch die einzig »legitime« Geschichte ist –, die ein verängstigtes Volk, ein Volk im Krieg, sich stets selbst erzählt.

Doch vielleicht könnte man diesen letzten Satz auch umkehren und die Behauptung aufstellen, dass ein Volk sich in einem andauernden Konflikt befindet, gerade weil es, mitunter über Generationen, in einer bestimmten »offiziellen« Geschichte gefangen ist.

*

Und dieses Bestreben, die Realität mit den Augen des Feindes zu sehen, hat noch einen weiteren deutlichen Vorteil. Schließlich sieht der Feind in uns, dem Volk, das ihm gegenübersteht, das, was jedes Volk im Umgang mit seinem Feind an den Tag legt: Brutalität, Gewalt, Sadismus,

Scheinheiligkeit, Selbstmitleid und doppelte Moral. Wir sind uns oft genug gar nicht bewusst, was wir alles für unsere Feinde »ausstrahlen«. Und folglich auch für andere, die keine Feinde sind, und letzten Endes – auch für uns selbst.

Wir geben häufig vor, eine gewisse Vorgehensweise oder ein gewalttätiges brutales Verhalten nur deshalb anzuwenden, weil wir uns im Krieg befinden. Und wenn dieser beendet wäre, würden wir dieses Verhalten unverzüglich einstellen und wieder zu der moralischen, anständigen Gesellschaft zurückkehren, die wir zuvor waren.

Aber es ist denkbar, dass der Feind, gegen den wir diese feindseligen, gewalttätigen Mechanismen einsetzen, der Feind, der ständig Opfer dieser Mechanismen ist, lange vor uns fühlt, wie sehr diese Mechanismen bereits ein unabtrennbarer Teil unserer Existenz als Volk und Gesellschaft geworden sind. Wie tief sie bereits in unsere innersten Systeme eingesickert sind. Würden wir uns selbst mit den Augen des von uns besetzten Volkes sehen, würden bei uns wohl die Alarmglocken läuten und uns wecken: Es wäre dann vielleicht noch nicht zu spät, zu erkennen, wie tief unser Realitätsverlust ist, wie groß unsere Defekte und Blindheiten sind. Wir wüssten, wovor wir uns erlösen müssen und wie notwendig es *für uns* ist, die Lage von Grund auf zu verändern.

Denn wenn es uns gelänge, den Text der Realität mit den Augen des Feindes zu lesen, würde die Realität, in der wir und unser Feind leben und handeln, plötzlich komplexer und *realistischer.* Wir könnten Splitter integrieren, die wir aus unserem Weltbild verdrängt haben. Die Realität wäre nicht länger eine Projektion unserer Ängste und Wünsche und unserer Illusionen: Wenn wir in der Lage wären, die Geschichte des Anderen durch dessen Augen zu sehen, stünden wir in einem gesünderen, relevanteren Kontakt zu den Tatsachen. Und wir hätten erheblich bessere Chancen, fatale Fehler zu vermeiden und egozentrische, beschränkte Konzepte zu umgehen.

Außerdem würden wir hin und wieder auch verstehen können – auf eine Weise, die uns zuvor nicht gegeben war –, dass jener legendäre, bedrohliche, dämonische Feind nichts anderes ist als eine Gemeinschaft von ängstlichen, gepeinigten, verzweifelten Menschen wie wir. Diese Einsicht ist in meinen Augen der zwingende Beginn jenes Prozesses der Ernüchterung und Versöhnung.

*

Dies sind, in einem kurzen Überblick, ein paar der Erkenntnisse, welche die Literatur Staatsmännern und Politikern vermitteln könnte und im Grunde jedem Menschen, der sich einer willkürlichen Realität voller Gewalt stellen muss. Mögen solche Reflexionen abstrakt und theoretisch klingen in Anbetracht des Kriegsgeschreis und der Zerstörung um uns herum, doch diese Prinzipien sind ebenso gültig und relevant für das Verfassen eines Romans wie für die zwischenmenschlichen Beziehungen, und auch für jegliche Politik – in Krieg und Frieden.

Ein solcher Umgang mit uns selbst, mit dem Feind, mit

dem politischen Konflikt, mit unserem Leben darin, ein Umgang, den ich hier einen »literarischen Umgang« nenne, setzt in meinen Augen vor allem voraus, dass wir uns als Menschen neu definieren, in einer Situation, die ihrem ganzen Wesen und ihrer Vorgehensweise nach die der Entmenschlichung ist. Dieser literarische Umgang könnte uns etwas von unserer Menschlichkeit zurückgeben, die uns in einem schnellen, brutalen Prozess, dessen Heftigkeit uns nicht immer bewusst ist, genommen wurde. Das Beharren auf der beschriebenen Weltsicht könnte uns, langsam, sukzessive, zu einem echten Dialog mit unseren Feinden führen, einem Dialog, der hoffentlich in einer ehrlichen Versöhnung und in einem Frieden enden wird.

Schreiben im Katastrophengebiet

»Unser persönliches Glück oder Unglück, unsere irdische Befindlichkeit, hat große Bedeutung für das, was wir schreiben«, sagt Natalia Ginzburg in dem Band *Es fällt schwer, von sich selbst zu sprechen ...*, als sie über ihr Leben und ihr Schreiben nach einem persönlichen Schicksalsschlag reflektiert. *Es fällt schwer, von sich selbst zu sprechen.* Deshalb möchte ich, ehe ich darauf eingehe, wie ich mein Schreiben heute erlebe, in dieser Phase meines Lebens, ein paar Worte darüber verlieren, wie eine traumatische, verzweifelte Situation sich auf eine Gesellschaft und ein Volk auswirkt.

Dabei fällt mir sofort die Maus in Kafkas Parabel *Kleine Fabel* ein. Die Maus mit der lauernden Katze hinter sich und der zuschnappenden Falle vor sich sagt: »Ach, die Welt wird enger mit jedem Tag.«

Nach vielen Jahren des Lebens in der extremen, brutalen Realität eines politischen, militärischen und religiösen Konflikts kann ich nur bestätigen, dass Kafkas Maus leider recht hat: Die Welt wird tatsächlich mit jedem Tag enger und bedrängender. Und ich kann auch etwas über das Vakuum sagen, das sich allmählich zwischen dem Menschen und seinen äußeren, brutalen, chaotischen Lebensumständen bildet, den äußeren Umständen, die ihm sein Leben in beinahe all seinen Facetten diktieren.

Dieses Vakuum bleibt nie lange leer: Es füllt sich rasch mit Apathie, mit Zynismus und vor allem mit Verzweiflung; einer Verzweiflung, die garantiert, dass eine Schieflage jahrelang andauert, mitunter sogar über Generationen hinweg. Es ist die Verzweiflung an der Möglichkeit, die Lage je zu ändern, je von ihr erlöst zu werden. Und es ist die noch tiefer sitzende Verzweiflung darüber, was die verzerrte Lage mit jedem einzelnen von uns macht.

Ich sehe, welchen Preis ich und die Menschen um mich herum wegen des andauernden Kriegszustands zahlen. Es ist die Verkleinerung des »Flächeninhalts« der Seele, die mit einer gewalttätigen, bedrohlichen Außenwelt konfrontiert ist. Der Verlust der Fähigkeit – oder der Bereitschaft –, sich mit dem Leid anderer, und sei es auch nur ein wenig, zu identifizieren; das zeitweilige Ausschalten der ethischen Urteilskraft. Man sagt sich: Ich habe keine Ahnung, was ich von solch einer beängstigenden, trügerischen und komplizierten Lage aus moralischer und praktischer Sicht halten soll, und darum ist es womöglich besser, gar nicht erst darüber nachzudenken und die Augen davor zu verschließen. Am allerbesten überlasse ich das Denken, Handeln und Definieren der moralischen Normen anderen, die ohnehin mehr davon verstehen. Vielleicht ist es auch nicht schlecht, weniger Gefühl zu investieren, zumindest bis die Lage sich entspannt. Tut sie das nicht, habe ich immerhin etwas weniger gelitten, habe mir eine praktische Stumpfheit zugelegt, habe mich so gut es ging durch etwas Gleichgültigkeit, ein wenig Verdrängung, eine Prise gezielte Blindheit und eine große Portion Selbstbetäubung geschützt.

Mit anderen Worten: Wegen der ständigen – durch und durch realen – Furcht vor Verletzung oder Tod, vor einem unerträglichen Verlust oder auch »nur« vor schwerer Demütigung drosseln wir alle, die von diesem Konflikt betroffenen Bürger, die Gefangenen dieses Konflikts, unsere eigene Vitalität, unsere seelische Amplitude und unsere Wahrnehmungsskala und ummanteln uns mit immer mehr Schutzschichten, unter denen wir schließlich ersticken.

Kafkas Maus hat recht: Wenn das Raubtier dir im Nacken sitzt, wird die Welt tatsächlich immer enger, und das gilt auch für die Sprache, die sie beschreibt.

Aus eigener Erfahrung kann ich sagen, dass die Sprache, mit der die von diesem Konflikt betroffenen Bürger ihre Lage kommentieren, mit der Zeit immer mehr verflacht, bis sie zu einer Aneinanderreihung von Schlagworten und Parolen verkommt. Mit dem Vokabular jener Institutionen, die unmittelbar mit dem Konflikt befasst sind – der Armee, der Polizei, der zuständigen Ministerien –, geht es los. Dann dauert es nicht lange, bis der Prozess auf die Massenmedien überspringt, die über den Konflikt berichten und dabei eine noch ausgefuchstere Sprache entwickeln, um ihren Zielgruppen das Geschehen möglichst leicht verdaulich zu präsentieren (wodurch sie eine Diskrepanz schaffen zwischen dem Vorgehen des Staates in den Dunkelzonen des Konflikts und der Selbsteinschätzung der Bürger), und von dort sickert es in die private, intime Sprache der Bürger des Konflikts (so entschieden sie das auch bestreiten mögen).

Was hier geschieht, ist durchaus nachvollziehbar: Denn der natürliche Reichtum der menschlichen Sprache und ihre Fähigkeit, die empfindlichsten, zartesten Saiten der Existenz zu berühren, können unter solchen Lebensumständen regelrecht quälend wirken, da sie uns ständig an die gesamte Bandbreite der Lebensmöglichkeiten erinnern, die wir eingebüßt haben.

Doch je auswegloser die Situation scheint und je flacher die Sprache wird, in der man über sie kommuniziert, desto mehr kommt der öffentliche Diskurs zum Erliegen. Übrig bleibt letzten Endes ein Schlagabtausch abgedroschener Standardvorwürfe zwischen den Feinden oder den politischen Gegnern innerhalb des Landes. Es sind die Klischees, mit denen wir unseren Feind und uns selbst beschreiben, Vorurteile, Urängste und grobe Verallgemeinerungen, denen wir in die Falle gehen und unsere Feinde gleich mit. Die Welt wird tatsächlich immer enger.

Dies gilt nicht nur für den Nahostkonflikt. In vielen Regionen der Welt befinden sich Milliarden von Menschen in dieser oder jener »Lage«, in der ihre Existenz, ihre Werte, ihre Freiheit und Identität mehr oder weniger bedroht sind. Fast jeder von uns hat seine eigene »Lage«, seinen persönlichen Fluch. Jeder von uns spürt, wie seine spezifische »Lage« zur Falle werden kann, die ihm seine Freiheit, sein Heimatgefühl, seine private Sprache, seinen freien Willen raubt.

In dieser Realität schreiben wir Schriftsteller und Dichter. In Israel und Palästina, in Tschetschenien und im Sudan, in New York und im Kongo. Manchmal richte ich mich während der Arbeit, nachdem ich mehrere Stunden geschrieben habe, auf und denke: Genau in diesem Moment sitzt ein anderer Autor, den ich möglicherweise nicht einmal kenne, in Damaskus oder Teheran, in Ruanda oder Dublin ebenso wie ich über einer seltsamen, widersprüchlichen, wunderbaren, kreativen Arbeit, inmitten einer Realität, die aus so viel Gewalt, Entfremdung, Gleichgültigkeit und Einschränkungen besteht. Ich habe dort irgendwo einen fernen Verbündeten, der nichts von mir weiß. Und dennoch weben wir gemeinsam an diesem abstrakten Netz, das ungeheuer stark ist, das die Kraft besitzt, die Welt zu verändern und eine eigene Welt zu schaffen, die Kraft, Stumme zum Reden zu bringen, die Kraft des *Tikkun*, der Korrektur – in dem tiefen Sinn, den ihr die Kabbala verleiht.

*

Ich selbst habe in meinen letzten Romanen der israelischen, brennenden Realität der aktuellen Nachrichtensendungen nahezu vorsätzlich den Rücken gekehrt. Früher habe ich Bücher über diese Wirklichkeit verfasst, und auch in jüngster Zeit habe ich versucht, sie in Aufsätzen und Essays und auch Interviews zu beschreiben und gleichsam zu verstehen. Ich habe an zahlreichen Demonstrationen und internationalen Friedensinitiativen teilgenommen, habe mich mit meinen Nachbarn – von denen einige meine Feinde waren – getroffen, wann immer ich mir eine Chance für ein Gespräch erhoffte. Und doch hatte ich mich in den letzten Jahren dafür entschieden, fast aus Protest, in meiner *Literatur* dieses Katastrophengebiet auszuklammern.

Warum? Weil ich über andere, nicht weniger wichtige Dinge schreiben wollte, denen man kaum Zeit, Gefühl und ungeteilte Aufmerksamkeit widmet, wenn um einen herum der scheinbar ewige Krieg wütet.

Ich schrieb über die krankhafte Eifersucht eines Mannes auf seine Frau, über obdachlose Kinder in den Straßen Jerusalems, über einen Mann und eine Frau, die sich in einer Phantasiewelt der Liebe ihre private, fast schon hermetische Sprache erfinden. Ich schrieb über die Einsamkeit des biblischen Helden Samson und über die subtilen, abstrusen Beziehungen zwischen Frauen und ihren Müttern – und zwischen Eltern und Kindern überhaupt.

Vor etwa vier Jahren, als mein zweitältester Sohn, Uri, vor der Musterung stand, konnte ich nicht länger an meinem Entschluss festhalten. Ein fast physisches Gefühl der Dringlichkeit und Hektik trieb mich um, ließ mir keine Ruhe. Damals begann ich einen Roman zu schreiben, der sich unmittelbar mit der brutalen Realität, in der ich lebe, auseinandersetzt. Einen Roman, der schildert, wie die äußere Gewalt und die Brutalität der allgemeinen Lebensumstände in das zarte, intime Gewebe einer Familie eindringen und es zerfetzen kann.

»In dem Augenblick, in dem man schreibt«, sagt Natalia Ginzburg, »ist man wie durch ein Wunder geneigt, von den gegenwärtigen Umständen des eigenen Lebens abzusehen ... Aber glücklich oder unglücklich zu sein, bringt uns dazu, auf die eine oder andere Weise zu schreiben. Sind wir glücklich, hat unsere Phantasie mehr Kraft; sind wir unglücklich, arbeitet unser Gedächtnis lebhafter.«

Es fällt schwer, von sich selbst zu sprechen. Ich werde nur das sagen, was ich zu diesem Zeitpunkt und dort, wo ich jetzt stehe, sagen kann.

Ich schreibe. Das Unglück, das mir geschehen ist, als mein Sohn Uri im zweiten Libanonkrieg gefallen ist, begleitet mich permanent. Die Macht der Erinnerung ist in der Tat kolossal und schwer und hat bisweilen eine lähmende Qualität. Und doch verschafft der Akt des Schreibens an sich mir in dieser Zeit auch eine Art »Ort«, einen ungekannten seelischen Raum, in dem der Tod nicht nur die absolute, eindimensionale Negation des Lebens ist.

Die Schriftsteller, die hier im Saal sitzen, wissen es: Wenn wir schreiben, spüren wir, wie die Welt sich bewegt, dass sie flexibel ist und voller Möglichkeiten. Sie ist gewiss nicht erstarrt. Wo Menschlichkeit ist, gibt es keinen Stillstand, keine Lähmung und eigentlich auch nicht so etwas wie einen Status quo (auch nicht, wenn wir manchmal fälschlicherweise denken, es gäbe ihn, und auch nicht, wenn manch einer möchte, dass wir diesem Irrglauben unterliegen).

Ich schreibe und die Welt schnappt nicht über mir zu, sie wird nicht enger mit jedem Tag: Sie bewegt sich auch in Richtung Öffnung und Zukunft macht Dinge möglich. Ich phantasiere. Der Akt des Phantasierens an sich belebt mich. Ich stehe nicht starr und gelähmt vor dem Raubtier. Ich erfinde Figuren. Mitunter habe ich das Gefühl, Menschen aus dem Eis auszugraben, in dem die Wirklichkeit sie festgefroren hat. Aber vielleicht grabe ich mich ja nur selber aus.

Ich schreibe. Ich kann die Vielzahl an Möglichkeiten fühlen, die jede menschliche Lebenslage in sich birgt. Und ich spüre die Freiheit, zwischen ihnen zu wählen. Diese wunderbare Freiheit, die ich schon verloren zu haben glaubte. Ich genieße den Reichtum der authentischen, persönlichen, intimen Sprache. Ich denke an das wohltuende, tiefe Durchatmen, wenn es mir gelingt, der Klaustrophobie von Parolen und Klischees zu entkommen. Auf einmal atme ich mit beiden Lungenflügeln.

Ich schreibe und merke dabei, dass das präzise Benutzen der Worte zur Medizin werden kann. Es ist wie ein Raumspray, das mir die Atemluft von den trüben Manipulationen aller möglichen Sprachbetrüger und Sprachschänder reinigt. Ich schreibe und spüre, wie die Sensibilität und Intimität, die zwischen mir und der Sprache auf ihren verschiedenen Ebenen herrscht, mit ihrer Erotik, mit ihrem Humor und ihrer Seele, mich wieder zu dem Menschen machen, der ich einmal war, ehe mein Selbst von dem Konflikt vereinnahmt wurde, von den Regierungen und den Armeen, von der Verzweiflung und der Katastrophe.

Ich schreibe. Ich befreie mich von einem fragwürdigen Talent, das der Kriegszustand, in dem ich lebe, mit sich bringt. Dem Talent, ein Feind und nur ein Feind zu sein. Ich schreibe und versuche mich nicht gegen die berechtigten Ansprüche und das Leid meines Feindes abzuschirmen. Und auch nicht gegen die Tragik und die Kompliziertheit seines Lebens. Nicht gegen seine Fehler oder Verbrechen. Nicht gegen das Wissen darum, was ich ihm selbst antue. Und übrigens auch nicht gegen überraschende Gemeinsamkeiten, die ich zwischen ihm und mir entdecke.

Ich schreibe. Auf einmal bin ich nicht mehr zu dieser irreführenden, erdrückenden, absoluten Dichotomie verurteilt – zu der unmenschlichen Wahl, »Opfer oder Aggressor« zu sein, ohne eine dritte, menschlichere Alternative zu haben. Wenn ich schreibe, kann ich ein ganzer Mensch sein, mit natürlichen Übergängen zwischen seinen einzelnen Anteilen, Anteile, in denen er sich dem Leiden und dem Recht seiner Feinde nahe fühlt, ohne auch nur eine Spur von seiner eigenen Identität aufzugeben.

Beim Schreiben kommt mir wieder in den Sinn, was wir alle in Israel in jenem einzigartigen Augenblick empfanden, als nach Jahrzehnten des Krieges mit Ägypten das Flugzeug des ägyptischen Präsidenten Anwar al-Sadat in Tel Aviv landete. Auf einmal wurde uns klar, welch schwere Last wir unser Leben lang tragen – die Last der Feindschaft, der Angst und des Misstrauens, die Last, ein ganzes Leben lang auf der Hut sein zu müssen, die schwere Bürde, immer ein Feind sein zu müssen.

Wie großartig war es, den mächtigen Schutzschild des Misstrauens, des Hasses und der Stereotypen für einen Moment abzulegen. Es war ein geradezu beängstigendes Glücksgefühl, sich plötzlich nackt, beinahe rein gegenüberzustehen und zu sehen, wie vor dem eindimensionalen engen Blick, mit dem wir einander jahrelang betrachtet hatten, auf einmal ein menschliches Gesicht auftauchte.

Ich schreibe, ich gebe meine intimsten, privatesten Worte einer äußeren fremden Welt preis. Ich mache mir die Welt gewissermaßen zu eigen. Und so kehre ich heim von einem Ort, an dem ich mir fremd und verbannt vorkam. Schon allein dadurch ändere ich ein wenig das, was mir zuvor unabänderlich erschien. Auch wenn ich die hermetischste Willkür beschreibe, die mein Dasein bestimmt – sei es die von Menschen oder die des Schicksals –, stoße ich automatisch auf neue Nuancen, neue Feinheiten. Ich entdecke, dass der bloße Akt des Schreibens über die Willkür mir Bewegungsfreiheit von ihr verschafft. Dass ich allein durch die Auseinandersetzung mit der Willkür Freiheit erlange – vielleicht die einzige, die ein Mensch vor irgendeiner Willkür hat –, die Freiheit, die Tragik seiner

Lage in *eigene Worte* zu fassen, die Freiheit, sich auf eine andere, neue Weise zu definieren, dem die Stirn zu bieten, was einen knebelt und einen in das Korsett der Willkür zwingt.

Ich schreibe auch über das Unwiederbringliche. Über das Untröstliche. Und selbst dann – was ich mir noch nicht erklären kann – schnappen meine Lebensumstände nicht so über mir zu, dass sie mich lähmen. Jeden Tag, den ich an meinem Schreibtisch sitze, berühre ich etliche Male Trauer und Verlust, als würde ich mit bloßen Händen an elektrischen Strom fassen, und sterbe doch nicht. Ich begreife nicht, wie dieses Wunder geschieht. Wenn ich meinen Roman beendet habe, werde ich es vielleicht zu ergründen versuchen. Nicht jetzt. Es ist zu früh.

Und ich beschreibe das Leben meines Landes Israel. Dieses gequälten Landes, zugedröhnt von einer Überdosis Geschichte, von einem Überschuss an Emotionen, die das menschliche Fassungsvermögen übersteigen, von einem Übermaß an extremen Ereignissen und Tragödien, Ängsten und lähmender Nüchternheit, von einem Überfluss an Erinnerung, an enttäuschten Hoffnungen, von einem Schicksal, das unter den Völkern nicht seinesgleichen hat, von einer Existenz, die einer Geschichte mit mythischen Dimensionen ähnelt, die alles Vorstellbare übersteigt, die es uns unmöglich zu machen scheint, jemals ein gewöhnliches, normales Leben zu führen, als ein Staat unter anderen, als ein Volk unter Völkern.

Wir Schriftsteller kennen Zeiten der Verzweiflung und

des Verlusts unseres Selbstwerts. Unsere Arbeit fußt im Grunde in der Zersetzung der Persönlichkeit, basiert auf dem Verzicht einiger der notwendigsten menschlichen Schutzmechanismen. Wir widmen uns freiwillig den schwersten, hässlichsten, schmerzlichsten und unverarbeitetsten Seelenstoffen. Unsere Arbeit führt uns immer wieder unsere Unzulänglichkeit als Mensch und als Künstler vor Augen.

Und doch – und dies ist das größte Wunder, die Alchimie unserer Tätigkeit: In gewisser Weise sind wir von dem Moment an, da wir den Stift oder die Tastatur berühren, nicht mehr das hilflose Opfer all dessen, was uns unterdrückt und eingeengt hat, bevor wir zu schreiben begannen.

Wir schreiben. Wir sind zu beneiden: Die Welt schnappt nicht über uns zu, sie wird nicht enger mit jedem Tag.

Die Sprache des Einzelnen und die Sprache der Masse

Ein israelischer Schriftsteller zu sein, der das Internationale Literaturfestival in Berlin eröffnet, ist nicht nur eine große Ehre, sondern stellt auch eine Konstellation dar, die, und sei es auch nur in Gedanken, in einem Satz, bis vor nicht allzu langer Zeit unmöglich gewesen wäre und mich bis zum heutigen Zeitpunkt nicht gleichgültig lässt.

Trotz der Nähe, die heute zwischen Israel und Deutschland herrscht – und auch in den Beziehungen zwischen Israelis und Deutschen, Juden und Deutschen –, ist diese Konstellation noch immer keine Selbstverständlichkeit. Es gibt einen bestimmten Platz im Bewusstsein, im Herzen, den gewisse Formulierungen durchlaufen müssen – eine Art Prisma der Zeit und der Erinnerung –, in dem sie sich wie ein Lichtstrahl in das gesamte Spektrum ihrer Farben und Klänge zerlegen.

Und wenn ich hier stehe, in Berlin, kann ich nicht umhin, mit jenen Begriffen anzufangen, die sich in mir, in eben jenem Prisma der Zeit und der Erinnerung, immer wieder brechen.

Ich bin in Jerusalem geboren und aufgewachsen, in einem Stadtteil und in einer Familie, wo die Menschen nicht in der Lage waren, das Wort »Deutschland« auch nur auszusprechen, und auch nicht den Begriff »Shoa«. Sie sprachen lediglich davon, »was *dort* geschah«.

Es ist interessant, dass Juden auf Hebräisch und auf Jiddisch – und in jeder anderen Sprache, die sie sprechen – meist über das reden, was »dort« geschah. Während Nicht-Juden eher Begriffe wie »was *damals* geschah« benutzen. Zwischen »dort« und »damals« besteht ein abgrundtiefer Unterschied: »Damals« bedeutet – in der Vergangenheit. »Damals« impliziert etwas, das sich ereignet hat und nun aus und vorbei ist. Während »dort« einen Hinweis darauf gibt, dass irgendwo, an irgendeinem Ort, das Geschehene noch immer gärt und sich parallel zu unserem Alltag beständig befruchtet und wieder ausbrechen könnte. Es ist nicht abgeschlossen. Jedenfalls nicht für uns, die Juden.

Als Kind hörte ich häufig den Ausdruck »die Nazibestie«, und wenn ich die Erwachsenen nach dieser Bestie fragte, weigerten sie sich, mir etwas darüber zu sagen, und meinten, es gäbe Dinge, die ein Kind nicht wissen müsse. Später schrieb ich in *Stichwort: Liebe* über Momik, den Sohn zweier Holocaustüberlebender, die ihm verschweigen, was ihnen »dort« wahrhaftig widerfuhr. Der verängstigte Momik stellt sich die Nazibestie wie ein Monster vor, das über ein Land mit Namen »Dort« herrscht, wo es die Menschen, die er liebt, peinigte und ihnen Dinge antat, die sie für alle Ewigkeit beschädigt und ihnen den Weg zu einem erfüllten Leben verstellt haben.

Als ich vier oder fünf Jahre alt war, hörte ich zum ersten Mal von Simon Wiesenthal, dem Nazijäger. Ich war sehr erregt und gleichermaßen erleichtert. Ich dachte, endlich gibt es einen, der es wagt, die Bestie zu bekämpfen, und der bereit ist, sie zu jagen! Hätte ich damals schreiben können, hätte ich Simon Wiesenthal, dem erfahrenen Jäger, vielleicht einen Brief mit ausführlichen praktischen Fragen geschickt, die mich damals sehr beschäftigten.

Meine Generation, die Anfang der fünfziger Jahre in Israel Geborenen, war von dichtem Schweigen umgeben. Nur in der Nacht schrien in unserem Viertel Menschen aus ihren Albträumen. Betraten wir ein Zimmer, in dem Erwachsene saßen und vom Krieg redeten, brachen die Gespräche unverzüglich ab. Doch hier und da schnappten wir Teile eines Satzes auf: »Zum letzten Mal sah ich ihn in der ›Himmelstraße‹ in Treblinka...«, »Sie hat in der ersten Selektion beide Kinder verloren...«

Doch jeden Tag wurde um 13:30 Uhr im Radio eine zehnminütige Sendung übertragen, in der eine Sprecherin mit finsterer, monotoner Stimme Namen von Personen vortrug, die ihre im Krieg und im Holocaust verlorenen Angehörigen suchten: Rachel, die Tochter von Pola und Abraham Seligson aus Przemysl, sucht ihre kleine Schwester Leale, die in Warschau gelebt hat..., Elijahu Frumkin, der Sohn von Jocheved und Herschl Frumkin aus Stryj, sucht seine Frau Elisheva, geborene Eichel, und seine beiden Söhne Ja'akov und Me'ir... und so weiter und so fort. Jedes Mittagessen meiner Kindheit war von diesen leisen Elegien begleitet.

Als ich sieben Jahre alt war, fand in Jerusalem der Eichmannprozess statt, und wir hörten auch noch zum Abendessen aus dem Radio die Schilderungen des Grauens. Meiner Generation ist der Appetit gründlich vergangen, nicht nur aufs Essen. Wir haben etwas Tieferes verloren, das wir damals, als Kinder, natürlich nicht verstanden und das uns im Laufe unseres Lebens immer deutlicher wurde: Vielleicht war es der Verlust der Illusion von der Macht unserer Eltern, uns vor den Gefahren des Lebens zu beschützen; oder der Verlust des Glaubens an die Möglichkeit, dass wir, die Juden, ein erfülltes, sicheres Leben würden leben können wie jedes andere Volk.

Und vielleicht empfanden wir damals auch mehr als alles andere den Verlust des natürlichen naiven Glaubens, des Glaubens an den Menschen, an seine Güte. An sein Mitgefühl. Vor etwa zwanzig Jahren, als mein ältester Sohn drei Jahre alt war, beging man im Kindergarten, wie jedes Jahr, den »Holocaustgedenktag«. Mein Sohn verstand nicht viel von dem, was man ihm erklärte, und kam verwirrt und bestürzt nach Hause. Er fragte mich: »Papa, was sind denn Nazis? Was haben sie gemacht? Warum denn?«

Ich wollte es ihm nicht sagen. Ich, der ich mit einem Schweigen aufgewachsen war, das so viele Ängste und Albträume in mir ausgelöst hatte, der ich ein Buch geschrieben hatte über ein Kind, das wegen des Schweigens seiner Eltern schier den Verstand verliert, verstand auf einmal meine Eltern und auch die stummen Eltern meiner Freunde.

Ich hatte das Gefühl, wenn ich es ihm erzählte, ihm vielleicht einen ganz behutsamen Hinweis auf das gäbe, was »dort« geschehen war, würde die Reinheit meines dreijährigen Sohnes beschmutzt, und er wäre von dem Moment an, in dem diese Möglichkeiten grausamen Handelns in seinem kindlichen, unschuldigen Bewusstsein Gestalt annähmen, nicht mehr dasselbe Kind.

Er wäre überhaupt kein Kind mehr.

Als ich *Stichwort: Liebe* in Israel veröffentlichte, schrieben ein paar Kritiker, ich würde zur sogenannten zweiten Generation gehören und sei der Sohn von »Überlebenden«. Ich bin es nicht. Mein Vater kam 1936 als Kind aus Polen nach Israel. Meine Mutter wurde vor der Gründung des Staates Israel in Palästina geboren.

Und ich bin es doch. Ich bin der Sohn von »Überlebenden«, denn auch durch mein Elternhaus, wie in unzähligen Häusern in Israel, war jener Faden tiefer Angst gespannt, an den man bei nahezu jeder Regung rührte. Auch wenn man noch so vorsichtig war. Auch wenn man jede überflüssige Bewegung vermied, konnte man jenes beständige Zittern der tiefen existenziellen Unsicherheit fühlen. Und des Misstrauens gegenüber den Menschen und dem, wozu sie augenblicklich fähig waren.

Und auch bei uns zu Hause hatten wir bei jedem freudigen Anlass, bei jeder Anschaffung eines neuen Möbelstücks und mit jedem Kind, das in unserem Viertel geboren wurde, das Gefühl, dass dem Dialog, der äußerst intensiv mit dem »dort« geführt wurde, ein weiteres Wort oder ein weiterer Satz hinzugefügt worden war. Dass in jedem »wir haben etwas bekommen« ein »wir haben etwas verloren« mitschwang. Und dass in unserem ganzen Leben, im gewöhnlichsten Alltag, in den trivialsten Abwägungen wie »Soll man dem Kind den Wandertag erlauben?« oder »Soll man Geld in die Wohnung investieren?« in irgendeiner Weise das, was »dort« geschehen war, widerhallte: das, was jenes »Dort« überleben konnte, und das, was nicht überlebt hatte, und die Lektion, die man gelernt hatte, die persönliche Überlebensstrategie, die in das Gedächtnis gebrannt worden war.

Und noch deutlicher wurde dies, wenn es um große Entscheidungen ging: Ergreift man diesen oder jenen Beruf? Wählt man eine rechte oder eine linke Partei? Heiratet man oder nicht? Zeugt man noch ein Kind oder reicht eines? Setzt man überhaupt ein Kind in so eine Welt? All diese Erwägungen und Unternehmungen, die kleinen und die großen, bargen gleichermaßen die enorme, die nahezu unmenschliche Anstrengung, das dünne Netz des Alltags über das darunter liegende Grauen zu weben, die aufreibende Beschwörung des Lebens, es möge die Kraft haben, wieder ein Leben zu sein. Die Mühe, uns selbst zu überzeugen – gegen besseres Wissen –, dass wir trotz allem, was in unsere Körper und Seelen tätowiert worden war, in der Lage waren, weiterzuleben, uns immer wieder für das Leben und den Menschen zu entscheiden.

Denn einer, der nach dem Holocaust in Israel geboren war, hatte das Grundgefühl – über das man nicht reden durfte, und für das man damals vermutlich auch gar keine Worte hatte –, dass für uns, die Juden, der Tod der unmittelbare Gesprächspartner ist. Dass das Leben, auch wenn es vor Energie, Hoffnung und der Fruchtbarkeit eines jungen, sich erneuernden Staates nur so strotzte, in erster Linie aus der gewaltigen, kontinuierlichen Anstrengung bestand, der Todesangst zu entfliehen.

Sie werden sagen, und das zu Recht, dass dies die grundlegende Situation des Menschen an sich ist. Das ist zweifellos richtig. Doch wir wurden tagtäglich und unmittelbar daran erinnert, durch offene Wunden, frische Narben und lebendige, greifbare Repräsentanten, gebrochen an Leib und Seele, die Nacht für Nacht aus Tausenden von Wohnungen ihre Albträume herausschrien.

Im Israel der fünfziger und sechziger Jahre – und nicht nur in Momenten extremer Verzweiflung, sondern auch in Augenblicken, in denen der laute Lärm des »Schaffens einer Nation« ein wenig verstummte, wenn wir für den Bruchteil einer Sekunde ein wenig müde wurden, ein Wunder der Erneuerung und unserer Neuschöpfung zu sein, in solchen Momenten der Seelendämmerung, der privaten und der nationalen – konnten wir nachdrücklich und auf die intimste Weise den Ring der Eiseskälte fühlen, der sich einem eng um das Herz legte und einem suggerierte: so schnell vergeht das Leben. So zerbrechlich ist alles. Der Körper, die Familie. Der Tod ist das Reale, alles andere ist Illusion.

Seit mir klar wurde, dass ich Schriftsteller werden würde, wusste ich auch, dass ich über den Holocaust schreiben würde. Ich glaube, beide Gewissheiten wurden gleichzeitig in mir geboren. Vielleicht auch, weil ich sehr früh das Gefühl hatte, die vielen Bücher über den Holocaust, die ich gelesen hatte, hätten mir keine Antwort auf ein paar einfache, notwendige Fragen gegeben, die ich selbst stellen und mir mit meinen eigenen Worten beantworten musste.

Und mit zunehmendem Alter verankerte sich in mir die Überzeugung, ich würde mein Leben in Israel nicht wirklich begreifen, als Mensch, als Familienvater, als Schriftsteller, als Israeli, als Jude, bevor ich nicht über mein nicht gelebtes Leben »dort«, im Holocaust, geschrieben hätte, über das, was mir passiert wäre, wenn ich »dort« gewesen wäre, als Opfer oder als Mörder.

Beides wollte ich wissen. Eines von beiden wäre nicht genug gewesen.

Wäre ich ein Jude zur Zeit des Naziregimes gewesen, ein Jude in einem KZ oder in einem Vernichtungslager – was hätte ich tun können, um etwas von mir zu retten, von meinem Selbst, in einer Realität, in der man Menschen nicht nur die Kleider auszog, sondern in der man ihnen auch ihre Namen nahm, sodass sie sich – in den Augen anderer – in auf Arme tätowierte Nummern verwandelten; in einer Realität, in der dem Menschen sein gesamtes früheres Leben, seine Familie, seine Freunde, sein Beruf, seine Vorlieben, seine Talente genommen wurden. Einer Realität, in der Millionen Menschen von anderen Menschen zur niedrigsten Stufe der Existenz degradiert wurden – dazu, nur Fleisch und Blut zu sein, zur effizientesten Vernichtung bestimmt.

Was ist das Ding in mir, das ich diesem Auslöschungsversuch hätte entgegensetzen können? Was ist das Ding, das den menschlichen Funken in mir hätte bewahren können, in einer Realität, die ganz darauf abzielte, ihn zu ersticken?

Diese Frage kann ein Mensch nur allein für sich selbst beantworten. Vielleicht kann ich hier einen möglichen Weg zu einer Antwort anbieten: In der jüdischen Religion gibt es eine Legende oder einen Glauben, demzufolge jeder Mensch einen kleinen Knochen in seinem Körper hat, der Mandel heißt; er befindet sich in der Nähe des Atlaswirbels und birgt die Essenz der Seele des Menschen. Dieses Knöchelchen ist unzerstörbar. Auch wenn der ganze Körper des Menschen vernichtet, zerschmettert oder verbrannt wird – das Mandelknöchelchen ist unvergänglich. Darin ist der Funke der Einzigartigkeit des Menschen gespeichert. Darin liegt der Kern seines Ichs. Und diesem Glauben zufolge wird der Mensch nach der Auferstehung aus diesem Knochen neu erschaffen.

Wer von Ihnen will, kann, wenn er nach Hause kommt, in sich gehen und sich die Frage stellen: Was in mir ist tatsächlich die Wurzel meiner Seele? Welche Eigenschaft, welche Wesenseinheit, welcher letzte Funke bleibt in mir, auch wenn alle anderen Dinge erloschen sind? Was in mir ist so stark und konzentriert, dass ich daraus in einer Art absolut privatem Urknall neu erschaffen werden kann?

Ab und zu frage ich einen mir nahestehenden Menschen nach seiner Mandel, und ich habe schon die unterschiedlichsten Antworten erhalten. Viele Schriftsteller, Künstler überhaupt, sagten, ihre Mandel sei die Kreativität, die Glut der Inspiration und der Schaffensdrang. Religiöse Menschen sagten häufig, was sie ausmache, sei jener göttliche Funke, den sie in sich fühlen. Ein Freund gab mir nach langer Bedenkzeit die Antwort: Vater zu sein. Eine Freundin antwortete spontan, ihre Mandel sei die Sehnsucht. Und eine Frau, die damals neunzig Jahre alt war, sprach über ihre große Liebe: Ein Mann, der sich vor mehr als sechzig Jahren das Leben genommen hatte, sei ihre Mandel.

*

Die zweite Frage, die ich mir bei der Arbeit an *Stichwort: Liebe* stellte, hängt stark mit der ersten zusammen und wird gewissermaßen von ihr impliziert: Ich habe mich gefragt, wie ein normaler, gewöhnlicher Mensch – und das waren die meisten Nazis und ihre Anhänger schließlich – sich in einen Bestandteil eines Mechanismus zum Massenmord verwandeln kann. Mit anderen Worten: Was ist das Ding, das ich in mir ausklammern muss, das ich in mir unterdrücken muss, das ich verdrängen muss, damit ich mit einer Mordmaschinerie kooperieren kann? Was in mir muss ich töten, damit ich in der Lage bin, einen anderen Menschen, andere Menschen, umzubringen, damit ich den Wunsch entwickle, ein ganzes Volk zu vernichten oder seine Vernichtung stillschweigend zu dulden?

Und vielleicht muss ich die Frage noch konkreter stellen: Kooperiere ich selbst in diesem Moment bewusst oder unbewusst, aktiv oder passiv, durch Ignorieren oder Stillschweigen mit irgendeinem Prozess, der am Ende eine Katastrophe über einen Menschen oder eine Gruppe von Menschen bringen wird?

»Der Tod eines Einzelnen ist eine Tragödie«, sagte Stalin, »aber der Tod von Millionen nur eine Statistik.« Lassen Sie uns einen Moment darüber sprechen, auf welchem Weg sich eine Tragödie für uns in eine Statistik verwandelt. Ich möchte natürlich nicht behaupten, dass wir alle Mörder sind. Gewiss nicht. Und dennoch scheint es den meisten von uns zu gelingen, mit einer beinahe absoluten Gleichgültigkeit gegenüber dem Leid ganzer Völker, nah und fern, zu leben – einer Gleichgültigkeit gegenüber der Not von Millionen Menschen, die arm sind, hungrig, unterentwickelt und krank, ob in unseren Ländern oder auf anderen Erdteilen. Wir bringen es auch fertig, ungerührt und distanziert der Not der Ausländer gegenüberzustehen, die für uns arbeiten, und dem Elend der Völker, die sich in einem Zustand der Besatzung befinden – durch uns und andere –, und der Qual von Milliarden Menschen, die unter Diktatur und Unterdrückung aller Art leiden.

Mit erstaunlicher Leichtigkeit setzen wir die Mechanismen in Gang, die dazu bestimmt sind, zwischen uns und dem Leid anderer Distanz zu schaffen. Wir bringen es fertig, in unserem Bewusstsein und in unseren Gefühlen den kausalen Zusammenhang beispielsweise zwischen unserem wirtschaftlichen Überfluss – im satten florierenden Westen – und der Armut anderer zum Verschwinden zu bringen. Zwischen unserem Luxus und den beschämenden Arbeitsbedingungen anderer, zwischen unserer klimatisierten, motorisierten Lebensqualität und den ökologischen Katastrophen, die wir damit für andere auslösen.

Jene »anderen« leben unter derart entsetzlichen Bedingungen, die es ihnen nicht einmal erlauben, Fragen zu stellen wie die, die ich mir stelle: Schließlich ist nicht nur Völkermord in der Lage, die *Mandel* des Einzelnen zu vernichten, sondern auch Hunger, Armut, Krankheit und Flucht verrohen und töten Schritt für Schritt die Seele eines Menschen und manchmal die eines ganzen Volkes.

Für eine Vielzahl schrecklicher Dinge, die um uns herum passieren, übernehmen wir nicht die geringste persönliche Verantwortung. Weder durch aktive Unterstützung noch durch den Ausdruck von Empathie. Es ist so einfach – wenn es um die Last der persönlichen Verantwortung geht –, uns in einen Teil der Menge zu verwandeln, einer gesichtslosen, identitätslosen Menge – scheinbar jeder Verantwortung enthoben und von Schuld befreit.

Vielleicht befähigt nur eine weltweite Realität, die zum größten Teil mit der Kategorie »Masse« zu beschreiben ist, die Realität eines »Lebens als Masse«, zu einer derart leichtfertigen Gleichgültigkeit gegenüber Massenmord. Schließlich ist es ja gerade diese Gleichgültigkeit, die die Welt immer wieder demonstriert, ob in den Zeiten des Völkermordes an den Armeniern und den Juden, ob in Ruanda oder Bosnien, im Kongo, in Darfur und an vielen anderen Orten.

Und möglicherweise lautet die große Frage, die wir uns heutzutage unentwegt stellen müssten: In welcher Situation, in welchem Moment werde ich zur »Masse«?

Es gibt ein paar mögliche Definitionen für den Prozess, in dem ein Individuum in einer Masse aufgeht oder bereit ist, Teile von sich der »Masse« zur Verfügung zu stellen. Weil wir, die hier Anwesenden, uns mit Literatur und Sprache beschäftigen, werde ich diejenige wählen, die unseren Neigungen und unserem Lebensweg am nächsten liegt: Ich werde zur »Masse«, wenn ich auf das Recht verzichte, meine Worte selbst zu denken und zu formulieren – in meiner eigene Sprache –, und automatisch und kritiklos Formulierungen und Worte übernehme, die andere mir diktieren.

Und ich werde zur »Masse«, wenn ich aufhöre, mir die moralischen Grundsätze ins Gedächtnis zu rufen, für die ich mich entschieden habe. Und wenn ich aufhöre, mir meine moralischen Kompromisse bewusst zu machen, sie stets aufs neue zu benennen, mit immer wieder neuen, frischen, in mir noch nicht abgedroschenen Worten, mit Worten, die in mir noch nicht erstarrt sind, die ich nicht ignorieren kann, mit denen ich mich nicht herausreden kann und die mich – weil sie unverbraucht sind – zwingen, zu meinen Entscheidungen zu stehen und den Preis für sie zu zahlen.

Die Masse braucht bekanntlich die *Sprache der Masse.* Eine Sprache, die sie formt und die sie dazu aufhetzt, auf eine bestimmte Weise zu handeln. Die Ausreden für bestimmte Handlungsweisen liefert und eventuelle moralische und emotionale Widersprüche entschärft. Mit anderen Worten: Die Sprache der Masse ist eine Sprache, die darauf ausgerichtet ist, den Einzelnen von der Verantwortung für sein Handeln zu befreien, ihn zeitweise von seinem privaten, individuellen Urteilsvermögen, von seinem gesunden Menschenverstand und seinem natürlichen Gerechtigkeitssinn abzukoppeln.

*

Die Welt, in der wir heute leben, ist vielleicht nicht auf eine so nackte und eindeutige Weise brutal wie die Welt, die die Nazis geschaffen hatten, aber es laufen in ihr bestimmte Mechanismen ab, deren Gesetzmäßigkeiten ähnlich sind: das Verwischen menschlicher Einzigartigkeit, das Verschwinden jeglicher Verbundenheit und Verantwortung für das Schicksal anderer. Die Vorherrschaft von immer mehr Gewalt und Fremdheit in einer Welt, wo ständig Hass und Ängste entfacht werden, in der es scheint, dass die fanatischen, fundamentalistischen Kräfte von Tag zu Tag zunehmen, während die anderen

Kräfte die Hoffnung auf eine Veränderung allmählich aufgeben.

Die Werte und die Horizonte dieser Welt, die Atmosphäre und die vorherrschende Sprache werden weitgehend von jenem Phänomen diktiert, das man als Massenmedien bezeichnet. Dieser Begriff wurde bereits in den dreißiger Jahren des vergangenen Jahrhunderts geprägt, als Soziologen von Massengesellschaften zu sprechen begannen. Aber sind wir uns heute der Bedeutung dieses Begriffes und des Prozesses, den er durchlaufen hat, wirklich bewusst? Begreifen wir, dass die Massenmedien nicht nur Kommunikation für die Masse liefern, sondern auf vielerlei Art ihre *Konsumenten erst zu einer Masse machen*?

Sie tun dies durch die Gewalt und den Zynismus, die hinter jedem Begriff aufleuchten; durch die flache, vulgäre Sprache, die sie benutzen, die Banalität und Scheinheiligkeit, mit der sie komplexe politische und moralische Probleme behandeln, die geistige und emotionale Prostitution, die sie um uns herum betreiben und zu der sie uns verführen durch den Kitsch, in den sie alles, was sie berühren, tauchen – den Kriegskitsch und den Todeskitsch, den Liebeskitsch, den Intimitätskitsch.

Zwar scheint es auf den ersten Blick, dass diese Medien sich gerade auf den Einzelnen und nicht auf die Masse fokussieren. Auf den Individualismus und nicht auf das Kollektiv. Hier liegt allerdings ein gefährlicher Trugschluss: Die Massenmedien betonen zwar den Einzelnen, heben ihn in den Himmel und scheinen ihn immer mehr zu seinem Selbst zu führen, doch letztendlich führen sie ihn *nur zu ihm selbst*: zu seinen eigenen Bedürfnissen, zu seinen eigenen persönlichen Interessen, zu seinen privaten Wünschen und Leidenschaften. Offen und verborgen befreien sie den Einzelnen von dem, was er ohnehin am liebsten loswird: von der Verantwortung für die Konsequenzen seiner Taten für andere. Und von dem Moment an, in dem sie sein Verantwortungsgefühl einschläfern, vernebeln sie selbstverständlich auch sein politisches, gesellschaftliches und moralisches Bewusstsein. Sie verwandeln ihn in einen praktischen, devoten Rohstoff für ihre eigenen Manipulationen und die anderer Interessengemeinschaften. Mit anderen Worten: Sie machen ihn zu einem Teil der Masse.

Dies gilt natürlich nicht für sämtliche Medien. In jedem Land gibt es noch immer Inseln der Seriosität, der gesellschaftlichen Verantwortung und des Verständnisses für die ökologische und die intellektuelle Katastrophe, vor der wir stehen. Selbstverständlich sind nicht die Massenmedien schuld an den Tragödien, die sich in unserer Welt ereignen, und an den destruktiven Prozessen, die sie durchläuft. Doch zweifellos haben sie einen Anteil daran, eine Atmosphäre, ein Bewusstsein und einen »Zeitgeist« zu schaffen, die diese Prozesse letztlich unterstützen und die Heilung von ihnen erschweren.

Diese Medien – gedruckt, gesendet oder online, oft kostenlos, omnipräsent und mit enormem Einfluss – sind von dem tiefen Bedürfnis getrieben, das Feuer des breiten Publikumsinteresses zu schüren, seine hungrigen Triebe immer wieder zu reizen. Und auch wenn sie sich mit Themen beschäftigen, die eine moralische, humanitäre Komponente haben, und selbst wenn sie in die Rolle gesellschaftlicher Verantwortung schlüpfen, scheint der erhobene Finger, mit dem sie auf die Zentren von Korruption, Unrecht und Leid zeigen, eher der Finger eines Automaten, ohne echtes Interesse an den aufgezeigten Problemen. Das wahre Ziel dieser Medien – abgesehen von der Profitmaximierung ihrer Eigentümer – ist die Erhaltung eines permanenten Reizzustandes, einer »öffentlichen Anprangerung« oder »öffentlichen Absolution« gewisser Individuen, die blitzschnell ausgetauscht werden.

Die schnelle Austauschbarkeit ist die Botschaft der Massenmedien. Manchmal scheint es, dass nicht die Informationen an sich grundlegend und wichtig sind, sondern der Rhythmus, in dem sie einander ablösen. Der neurotische, gierige, konsumierende, verführerische Puls, den die Massenmedien schaffen. Der Zeitgeist: Das Zappen ist die Botschaft.

*

Die Literatur hat keine einflussreichen Repräsentanten in den Machtzentren dieser von mir beschriebenen Welt, und es fällt mir schwer zu glauben, dass sie sie verändern kann. Doch sie vermag alternative Wege aufzuzeigen, wie man in dieser Welt nach einem inneren Rhythmus und mit einer inneren Kontinuität leben kann, die unseren natürlichen, seelischen und geistigen Bedürfnissen viel mehr entsprechen als das, was uns mit Gewalt von äußeren Systemen aufgezwungen wird.

Ich weiß, dass ich bei der Lektüre eines guten Buches ein inneres Aufklaren durchlebe: Das Gefühl meiner Einzigartigkeit als Mensch wird deutlicher. Die differenzierte, präzise Stimme, die von außen zu mir vordringt, bringt Stimmen in mir zum Sprechen, die vielleicht stumm waren, bis jenes bestimmte Buch kam und sie weckte. Auch wenn Tausende von Menschen in einem bestimmten Moment das gleiche Buch lesen wie ich, steht schließlich jeder von uns allein davor. Für jeden Einzelnen von uns ist das Buch ein Lackmuspapier von einer anderen Sorte.

Das gute Buch – und es gibt nicht viele gute Bücher, denn auch die Literatur ist selbstverständlich den Verführungen und Hindernissen der »Massenmedien« ausgesetzt – macht den Leser einzigartig und befreit ihn aus der Menge. Es gibt ihm die Möglichkeit zu spüren, wie aus unbekannten Regionen Seeleninhalte, Erinnerungen und Existenzmöglichkeiten in ihm auftauchen und an die Oberfläche steigen, die ihm allein gehören und nur ihm. Die ausschließlich die Frucht seiner Persönlichkeit sind. Das Ergebnis seiner intimsten Schlussfolgerungen. Denn im alltäglichen Leben, in der Vulgarität des Alltags, in der allgemeinen Beschmutzung des Intellekts, der flachen, undifferenzierten Sprache, haben diese Seelenstoffe es schwer, aus jenen inneren Tiefen aufzusteigen und zu Wort zu kommen.

Im Idealfall kann die Literatur unser Schicksal und das

Schicksal anderer, die weit von uns entfernt leben und uns völlig fremd sind, verbinden. Sie kann uns zuweilen zum Staunen darüber bringen, dass wir nur mit knapper Not dem Schicksal fremder Menschen entgangen sind, oder Trauer darüber in uns auslösen, dass wir diesen Fremden nicht wirklich nah sind, nicht die Hand nach ihnen ausstrecken und sie berühren können. Ich sage nicht, dass diese Gefühle uns sofort zu irgendeiner Handlung motivieren, doch ohne sie ist sicher keine Solidarität, Verbindlichkeit und Verantwortung möglich.

Im Idealfall kann die Literatur uns die Gnade gewähren, die Kränkung der Entmenschlichung ein wenig zu überwinden, die das Leben in großen, anonymen, globalisierten Gesellschaften uns antut: die Kränkung, selbst in einer »groben« Sprache beschrieben zu werden, in Klischees, Verallgemeinerungen und in Stereotypen; die Kränkung unserer Verwandlung in einen – wie Herbert Marcuse sagte – eindimensionalen Menschen.

Und die Literatur gibt uns auch das Gefühl, es gäbe einen Weg, die brutale Willkür unseres Schicksals zu bekämpfen: Selbst wenn am Ende von Kafkas *Prozess* die Behörden Josef K. »wie einen Hund« erschießen. Auch wenn Antigone hingerichtet wird, auch wenn Hans Castorp im *Zauberberg* am Ende stirbt, haben wir, die wir sie in ihrem Kampf begleitet haben, die Macht des Einzelnen entdeckt, menschlich zu bleiben, auch unter schwierigsten Bedingungen. Das Lesen – die Literatur – gibt uns unsere Selbstachtung zurück und unser ursprüngliches Gesicht, unser menschliches Antlitz, bevor es in der Masse verschwamm und ausradiert wurde. Bevor wir von unserem Selbst enteignet, vergesellschaftet und als Massenware zum billigsten Preis verkauft wurden.

*

Als ich *Stichwort: Liebe* abgeschlossen hatte, wurde mir klar, dass ich dieses Buch geschrieben habe, um zu sagen, dass derjenige, der einen Menschen auslöscht, letztendlich ein geniales, einzigartiges, besonderes, unbeschreibliches Kunstwerk vernichtet, das nicht mehr rekonstruierbar ist und das es in dieser Art nie wieder geben wird.

In den letzten vier Jahren habe ich an einem Roman geschrieben, der dasselbe sagen will, aber unter einem anderen Aspekt und im Kontext einer anderen Realität: Die Heldin meines Buches – eine etwa fünfzig Jahre alte Israelin, die Mutter eines jungen Soldaten, der in den Krieg zieht – hat Angst um ihren Sohn und spürt die Katastrophe, die über ihm schwebt.

Sie versucht mit ganzer Kraft dem Schicksal entgegenzutreten, das ihn erwartet.

Diese Frau unternimmt eine lange Wanderung, sie durchstreift halb Israel, während sie unentwegt von ihrem Sohn spricht. Das ist ihre Art, ihn zu beschützen. Es ist das Einzige, was sie tun kann, um seine Existenz am Leben zu erhalten und zu sichern: *seine Lebensgeschichte zu erzählen.*

Und einmal notiert sie in ein kleines Heft, das sie mitgenommen hat: »So viele Momente, Stunden und Tage,

Millionen von Handgriffen, unzählige Unternehmungen, Versuche, Fehler, Gespräche und Gedanken, alles um einen einzigen Menschen auf der Welt zu schaffen.«

Und dann fügt sie noch einen Satz hinzu: »Einen Menschen, der so leicht zu vernichten ist.«

An diesem Abend, bei der Eröffnung des Internationalen Literaturfestivals in Berlin, dürfen wir uns in Erinnerung rufen, und sogar mit einem Hauch von Stolz, dass das Geheimnis des Zaubers und der Größe der Literatur, mit der wir uns in diesen Tagen beschäftigen werden, das Geheimnis, das uns immer wieder in ihre Arme treibt, voller Begeisterung, Erregung und Sehnsucht nach Schutz und Sinn – und auch nach Geschmack am Leben, nicht weniger als dies –, darin liegt, dass sie für uns immer wieder die Tragödie des Einzelnen aus der Statistik der Millionen befreit. Des Einzelnen, von dem eine Geschichte handelt, und des Einzelnen, der diese Geschichte liest.

Reflexionen über einen entgleitenden Frieden

Der Frieden zwischen Israel und den Palästinensern, zwischen Israel und der arabischen Welt, bleibt weiterhin nur Gegenstand von Hoffnungen, Vermutungen und Spekulationen. In den letzten Jahren scheint er sogar in immer weitere Ferne zu rücken. Doch auch heute – vielleicht gerade heute – haben wir die Pflicht, beharrlich über die Form jenes entgleitenden Friedens nachzudenken und das Bild, das wir uns von ihm machen, einer nachhaltigen Bearbeitung zu unterziehen.

Seit dem Scheitern des Osloer Prozesses vor etwa zehn Jahren haben nur noch wenige Menschen die psychische Kraft, von der Hölle des Alltags in den Straßen Israels und Palästinas abzusehen und an der Hoffnung auf ein anderes Leben, ein friedliches Leben inmitten erbitterter Feinde festzuhalten. Wenn wir aufhören, über die mögliche Gestaltung des Friedens zu reflektieren, wenn wir uns nicht länger bemühen, ihn als realistische Option zu betrachten, als Alternative zum Status quo, bleibt nichts als die Verzweiflung, die Krieg, Besatzung und Terror mit sich bringen, die Verzweiflung, die ihrerseits dazu führt, dass Krieg, Besatzung und Terror nicht so schnell enden werden.

Heute möchte ich mich einem bestimmten Aspekt der möglichen Konsequenzen eines Friedens zwischen Israel und seinen Nachbarn widmen – der Frage nach dem Beitrag eines solchen Friedens zur Genesung von den Krankheiten und Beschädigungen, die Israels gesunde Entwicklung als Staat und Gesellschaft behindern.

Die Kürze der Zeit erlaubt es mir nicht, mich anderen, ähnlich prägnanten Fragen zu widmen – den Auswirkungen eines eventuellen Friedens auf den gesamten Nahen Osten, auf die arabischen Staaten und auf die Palästinenser. Es ist mir auch nicht möglich, ein weiteres Thema anzuschneiden, das mir sehr am Herzen liegt – die Zukunft der Beziehungen zwischen der jüdischen Mehrheit und der arabischen Minderheit innerhalb der israelischen Staatsgrenzen. Ich werde versuchen, mich auf Dinge zu beschränken, die bei dem Versuch, sich den künftigen Frieden auszumalen und ihn zu phantasieren, eine scheinbar untergeordnete Rolle spielen.

Ich bin überzeugt, dass schon die Bereitschaft an sich, über ein Leben in Frieden nachzudenken, heißt, an eine Zukunft für uns Israelis zu glauben. Ich spreche nicht einmal von einer guten oder schlechten Zukunft, sondern von der *Möglichkeit einer Zukunft überhaupt*. Von dem festen Glauben an die Möglichkeit, Israel könne weiterhin auf viele Jahre hinaus existieren. Eine Option, der sich viele Israelis noch immer nicht vollkommen sicher sind.

Möglicherweise liegt der Grund für das nahezu unbewusste Junktim zwischen »Frieden« und »Zukunft« darin, dass die kurze Geschichte des Staates Israel und die lange Geschichte des jüdischen Volkes kaum dauerhafte Perioden vollkommenen Friedens, das heißt eines Zustands von Frieden und Sicherheit ohne jede Bedrohung, kannten. Und dass aus diesem Grund im jüdischen und im israelischen Bewusstsein das Wort »Shalom« immer tief mit einem Wunsch verbunden ist, einer Hoffnung und nicht unbedingt mit einem realen, greifbaren Zustand. Das Wort »Shalom« weist eine Besonderheit auf: Es ist ein Substantiv, in dem sich, wie ein blinder Passagier, ein Futur verbirgt.

Die Hoffnung auf Frieden ist bekanntlich einer der Hauptinhalte des jüdischen Gebets und der Trostprophezeiungen der Propheten Israels. Nach den Worten des Propheten Jesaja wird erst in der Zukunft, im Grunde genommen erst am Jüngsten Tag, »... kein Volk wider das andere das Schwert erheben, und sie werden hinfort nicht mehr lernen, Krieg zu führen« (Jesaja 2.4). Erst in der Zukunft, im Grunde genommen erst am Jüngsten Tag, verheißt König David Jerusalem: »Es möge Friede sein in deinen Mauern/und Glück in deinen Palästen!« (Psalm 122.7)

»... und ich will fröhlich sein über Jerusalem ...« (Jesaja 65.19). »... Man soll in ihm nicht mehr hören die Stimme des Weinens noch die Stimme des Klagens. Es sollen keine Kinder mehr da sein, die nur einige Tage leben, oder Alte, die ihre Jahre nicht erfüllen, sondern als Knabe gilt, wer hundert Jahre alt stirbt.« (Sie können sich sicher die Wirkung solch eines Satzes in der gegenwärtigen israelischen Realität vorstellen, in der es so viele Eltern gibt, die ihre Kinder, ihre Knaben, begraben.) Die Beziehung zwischen »Frieden« und »dem Jüngsten Tag« birgt Hoffnung und Schönheit, da jedoch »der Jüngste Tag« im jüdisch-israelischen Bewusstsein gewöhnlich als abstrakter Zeitpunkt aufgefasst wird, als utopisch und sogar unrealistisch, wird auch der Frieden als solcher abstrakt, utopisch und unrealistisch. Zu einer Art Horizont, der sich immer weiter entfernt, je mehr man sich ihm nähert.

Und darum ist es legitim, ernsthaft und hoffnungsvoll, darüber nachzudenken, dass die Möglichkeit eines Friedens die Möglichkeit einer *Zukunft* impliziert. Einer Zukunft als Volk und einer Zukunft als Staat. Das sollte man nicht unterschätzen: Für die meisten Israelis ist dies keine Selbstverständlichkeit. Ich bin der Ansicht, dass es kein zweites Volk gibt, das solch ein misstrauisches, skeptisches Verhältnis hat zur Perspektive von Zukunft, Beständigkeit und Existenzkontinuität in dem Land, in dem es lebt. Wenn wir beispielsweise in einer amerikanischen Zeitung lesen, die USA planten ihre Weizenernte für das Jahr 2025, kommt uns dies durchaus logisch und begründet vor. Doch welcher Israeli würde es wagen, über die geplante Milchproduktion der israelischen Kühe in zwanzig Jahren nachzudenken?

Wenn ich in derart zukunftsorientierten Zeitbegriffen über Israel nachdenke, versetzt mir dies sofort einen Stich, als bräche ich ein »Tabu«, als genehmigte ich mir eine zu große Portion Zukunft.

Obgleich das jüdische Volk ein sehr altes Volk mit einer durchgängigen Geschichte und Identität ist, scheint ein grundlegender Bestandteil seines Selbstverständnisses das Gefühl nahender Vernichtung zu sein, die Katastrophe, die über seinem Haupt schwebt. Dieses Gefühl bringt jeder Jude am Pessachabend beim Lesen der Haggadah zum Ausdruck: »In jedem Zeitalter erheben sich viele wider uns, um uns dem Verderben preiszugeben.« Und es basiert natürlich nicht auf paranoiden Phantasien, sondern auf allgemein bekannten historischen Tatsachen. Die Frage, die uns heute beschäftigt, ist die, ob ein Leben in einem fortdauernden Zustand des Friedens und der existenziellen Sicherheit je etwas an dieser bitteren Weltanschauung ändern könnte, die so tief in der Seele des jüdisch-israelischen Menschen verankert ist; an diesem Selbstverständnis, das im Grunde aus seiner Existenz eine »Existenz-unter-Vorbehalt« macht, eine fragile, problematische Existenz, die ihn zum Außenseiter werden lässt.

*

Diese Frage impliziert eine weitere: *Wie lebt es sich ohne Feind?*

Ich vermute, diese zweite Frage klingt für einen Teil der hier Anwesenden befremdend. Vor allem für die nach dem Zweiten Weltkrieg Geborenen. Doch wie jeder Israeli kenne auch ich kein Leben ohne Feind. Ich weiß nicht, was es bedeutet, sein Leben ohne die permanente Präsenz existenzieller Bedrohung zu führen. Ohne den Instinkt des sich Verbarrikadierens, der Verteidigung und auch der Aggression gegenüber dem, der mein Heim bedroht und oft auch mein Leben.

Selbst wenn es in naher Zukunft zu einem Frieden kommen sollte, wäre dieser zumindest in den ersten Jahren vermutlich äußerst zerbrechlich und schwach und würde von Terrorakten und Gewalttaten von beiden Seiten erschüttert, sodass dieses »Problem« – wie lebt es sich ohne Feind – sich uns so bald nicht stellen wird. Doch den kommenden Generationen wünsche ich, dass sie sich mit dieser Fragestellung auseinandersetzen müssen.

Ein Leben ohne Feindseligkeit, Angst und Gewalt, mit dem Gefühl der sicheren Existenz und Zukunft wäre eine große Herausforderung. Kinder zu erziehen nach Lebenseinstellungen und Glaubensgrundsätzen, die nicht unwillkürlich von Todesangst geprägt sind, ohne die tagtägliche Angst, sie könnten einem jeden Augenblick genommen werden. Vielleicht würden wir nach und nach feststellen, dass wir nicht nur auf unsere Ängste, sondern gleichermaßen auf bestimmte Teile des israelischen Ethos verzichten könnten, das zum großen Teil von militärischen Konflikten geprägt wurde: Die militärische Stärke als Wert an sich. Die militärische Lösung als Nonplusultra in nahezu jedem Stadium der Auseinandersetzung, oder allein schon aus Furcht vor einem Konflikt. Die übertriebene Hochachtung vor der Stärke und ihren Vertretern, der Armee und ihren Offizieren; eine Hochachtung, die bewirkt, dass immer wieder hohe Offiziere zu Staatsoberhäuptern gewählt werden, welche ihrerseits vielleicht dazu verdammt sind, nach einer bornierten militärischen Denkweise zu handeln, im Dienst eines nie zu Ende gehenden Krieges.

(Es liegt zwar eine gewisse Logik darin, dass ein Volk, das sich zu allen Zeiten im Kriegszustand befand, geneigt ist, tapfere Kämpfer an seine Spitze zu wählen. Doch könnte es nicht sein, dass diese *Kämpfer* als Volksvertreter gleichermaßen dafür sorgen, dass es sich ununterbrochen im Kriegszustand, in einem ewigen Konflikt befindet?)

Das Gefühl, umzingelt zu sein, und die Angst vor dem, was sich jenseits der Grenzen gegen uns zusammenbraut, ziehen automatisch die Versessenheit auf einen Konsens um jeden Preis nach sich – einem Konsens, der mitunter wie das instinktive panische Zusammenpferchen einer sich bedroht fühlenden Schafherde wirkt. Doch sollte der Tag kommen, an dem wir uns nicht ständig mit Hilfe von Begriffen wie Krieg und Belagerung definieren müssen, sollten wir es wagen können, uns nach und nach von steifen, engstirnigen, eindimensionalen Definitionen freizumachen wie »wer ist für uns« und »wer ist gegen uns«, wie der gehört zu »uns«, und der ist ein vollkommen Fremder (und als solcher als Feind erster Klasse verdächtig), würden wir uns vielleicht Schritt für Schritt in mehr Toleranz gegenüber anderen Meinungen, anderen Stimmen üben, sowohl in der Politik als auch in der Kunst und im Miteinander der Geschlechter und mehr noch – in den permanent gespannten, gereizten Beziehungen zwischen Arabern und Juden *innerhalb* des Staates Israel.

Sollten wir hier je einen Zustand erreichen, in dem wir keine Feinde haben, könnten wir vielleicht auch von der bekannten israelischen Neigung ablassen, uns wie Überlebende per se zu verhalten, nahezu darauf »programmiert« – beziehungsweise dazu verdammt –, die Situationen, mit denen wir konfrontiert werden, in erster Linie mit Begriffen wie »Bedrohung«, »Gefahr«, »Falle« zu bezeichnen, oder sie im Gegenteil als mutige, wundersame Errettung von all dem zu interpretieren. Der Überlebende, der häufig ignoriert, was sein Weltbild verkomplizieren und seine instinktiven Reaktionen verzögern könnte, und der darum auch Schattierungen übersieht, stellt sich letztendlich nicht wirklich der Komplexität der Realität mit der ganzen Palette ihrer Nuancen, mit ihren Widersprüchen, den Chancen und Verheißungen, die sie birgt. Mit anderen Worten, er erlegt es sich quasi selbst auf, weiter mit einem fragmentarischen, verfälschten, misstrauischen, beängstigenden Bild der Realität zu leben, und darum ist er, zu seinem Leid, auch dazu verdammt, immer wieder seine Ängste und Albträume bestätigt zu sehen.

Wird es uns gelingen, uns endlich von diesem lähmenden Paradox der Existenz des jüdischen Volkes zu befreien, eines Volkes, das während seiner ganzen Geschichte überlebte, um zu leben, und das sich heute, zumindest in Israel, gebärdet, als lebe es, um zu überleben und kaum mehr als das?

Schließlich machen diese Überlebenskämpfe heute ihren schlechten Einfluss auch innerhalb der israelischen Gesellschaft geltend. Das Misstrauen und die Feindseligkeit, die die Israelis nach über hundert Jahren ununterbrochenen militärischen und politischen Kampfes, nach Kriegen, Militäreinsätzen und Verteidigung, nach sich ständig schließenden Kreisen der Rache und Vergeltung, den Anderen, den Feinden, zwangsläufig entgegenbringen, scheinen sich in eine nahezu automatische Denkweise verwandelt zu haben und in eine bestimmte Verhaltensweise gegenüber *jedem* Anderen, und sei er ein Verwandter, und sei er *ein Bruder.*

Wie wenig Verständnis und Sympathie bringen wir, die Israelis, für Israelis auf, die nicht zu unserer »Gruppe« oder unserem »Stamm« gehören. Mit wie viel Aggression oder Spott begegnen wir den realen Problemen von Israelis, die nicht »wir« sind. Als habe unsere nachdrückliche, reflexhafte Weigerung, das Leid der Palästinenser auch nur einen Deut anzuerkennen, aus Angst, etwas von unserem Recht einzubüßen, auch den normalen Menschenverstand und den natürlichen familiären Instinkt völlig ausgeschaltet und somit Schritt für Schritt das Gefühl der Zusammengehörigkeit und der Solidarität der Israelis gegenüber anderen Gesellschaftsgruppen geschwächt. So hat sich eine tiefe Feindseligkeit zwischen rechts und links, zwischen säkularen und orthodoxen Juden, zwischen Neueinwanderern, Alteingesessenen und den in Israel Geborenen, zwischen Arm und Reich, zwischen jüdischen und arabischen Israelis gebildet. Und so ist das Gemeinschaftsgefühl versiegt, ebenso wie das Mindestmaß an notwendiger Identifikation mit dem Staat und seinen Zielen. Und so hat sich der jüdische Grundwert der gegenseitigen Bürgschaft abgenutzt, und die Israelis verlieren allmählich eine der wichtigsten Grundlagen eines Volkes – das Gefühl der nationalen Identität als solcher.

*

Gestatten Sie mir ein paar Worte zum Thema Sicherheit. Ich bin kein Fachmann auf diesem Gebiet, und professionelle »Sicherheitsexperten« werden meine Worte womöglich als Mutmaßungen eines blutigen Laien abtun. Dennoch unternehme ich den Versuch, über Dinge zu sprechen, die auch ein Dilettant wie ich versteht.

Schließlich bedeutet Sicherheit nicht nur eine starke Armee. Erweitert man den Sicherheitsbegriff, so beinhaltet er auch eine starke, solide Wirtschaft, die Verminderung gesellschaftlicher Klüfte, die Konsolidierung des inneren Zusammenhalts, ein hervorragendes Bildungssystem, eine starke Rechtsstaatlichkeit, Solidarität der unterschiedlichen gesellschaftlichen Gruppierungen mit dem Staat und seinen Zielen, die Entscheidung der Elite, im Land zu bleiben und ihre Talente zur Verfügung zu stellen, und vieles mehr.

Heute hat Israel eine starke Armee, und das ist auch gut so, denn der Nahe Osten ist noch immer ein gefährliches Pflaster, gewaltbereit und unberechenbar. Und selbst in

Friedenszeiten wird Israel stets auf der Hut sein und auf Überraschungen vorbereitet sein müssen. Israel hat eine starke Armee – obwohl auch sie allmählich Zeichen von Erschöpfung zeigt, auch aus moralischer Sicht, da ein großer Teil ihrer Aktivitäten mit Zivilisten, Frauen und Kindern in den palästinensischen Besatzungsgebieten zu tun hat. Die israelische Armee erfüllt ihre Rolle in der Verteidigung der Sicherheit des Staates noch immer sehr gut, doch ein Großteil der übrigen Sicherheitskomponenten schwächelt oder ist gar nicht mehr vorhanden: Vier Jahre nach Ausbruch der Intifada erlebt die israelische Wirtschaft eine Flaute, wie es sie seit den fünfziger Jahren des letzten Jahrhunderts nicht mehr gab. Der wirtschaftliche Schaden, den Israel in jenen vier Jahren erlitt, wird auf circa neunzig Milliarden Schekel geschätzt. Armut, Hunger, Arbeitslosigkeit und Kriminalität wachsen in erschreckendem Tempo an und geben ein Bild vom Zustand der Sozialsysteme und der Haltung gegenüber dem Gesetz. Die Einkommenskluft zwischen den Bestverdienern und den Niedrigstlöhnen in Israel zählt zu den tiefsten auf der Welt. Je angespannter die Sicherheitslage ist, desto mehr wächst der Anteil der Ausgaben für die Sicherheit im Sozialprodukt, und die Macht der Regierung, die gesellschaftlichen Diskrepanzen zu verringern, sinkt. Zum ersten Mal werden in Israel Warnungen vor einem weitreichenden, gewaltbereiten sozialen Aufstand laut.

Die Risse im Sicherheitsgefühl sind noch tiefer und grundlegender: In den letzten Jahren, den Jahren der zweiten Intifada, leben die Israelis in einer Realität, in der Menschen im wörtlichen Sinn zerfetzt werden. Ganze Familien werden mit einem Schlag vernichtet, und in Cafés, Einkaufszentren und Bussen werden den Bürgern Glieder abgerissen. Die Realität und die Albträume eines jeden Israelis sind aus diesen Bildern gemacht, und sie vermischen sich untrennbar zu einem Ganzen. Kinder, die keine Horrorfilme sehen dürfen, werden in den Nachrichten mit dem größten Grauen konfrontiert. Der israelische Alltag ist heute vom Terror der primitivsten animalischsten Art bestimmt. Massive Gewalt wird gegen die Israelis ausgeübt, und nicht weniger massive Gewalt geht von ihnen auf die Palästinenser aus. Ein Israeli zu sein bedeutet heutzutage, in großem Maße mit dem Gefühl des Orientierungsverlustes und der Zerstörung in jeder Hinsicht zu leben: der Zerstörung des eigenen Körpers, dessen Verletzlichkeit sich immer wieder zeigt, und des Zerfalls des öffentlichen, allgemeinen Körpers. Tiefe Risse haben sich in den letzten Jahren aufgetan in den unterschiedlichsten Regierungssystemen, in der Autorität des Gesetzes und der Gerichte, in der Glaubwürdigkeit der Armee und der Polizei und im Vertrauen, das die Öffentlichkeit ihren Staatsoberhäuptern und deren persönlicher und öffentlicher Integrität entgegenbringt.

Eine Umfrage, die zum letzten Jahreswechsel in Israel durchgeführt wurde, ergab, dass der größte Teil der Bevölkerung nicht daran glaubt, Israel könne seiner jungen Generation eine bessere Zukunft bieten. Ein Viertel aller

Befragten gab an, ernsthaft die Auswanderung aus Israel zu erwägen. Hunderte von Israelis belagern Woche für Woche die Tore der polnischen Botschaft in Tel Aviv, um die polnische Staatsbürgerschaft zu erwerben (man stelle sich die grausame Ironie vor, die darin enthalten ist. Polen!). Sie wollen auf diesem Weg in den Besitz eines zusätzlichen Passes gelangen, um sich und ihren Kinder den Umzug in die Staaten der Europäischen Gemeinschaft zu erleichtern, um dort zu arbeiten, aber durchaus auch, um sich eine zusätzliche Option auf Schutz und die Flucht aus Israel zu verschaffen.

Auch noch nach sechsundfünfzig Jahren der Souveränität und Unabhängigkeit bebt die Erde unter den Füßen der Israelis. Israel hat es noch nicht geschafft, seinen Bürgern das Gefühl zu vermitteln, dass dieses Land ein Zuhause ist. Möglicherweise fühlen sie, dass Israel ihr *Castle* aber nicht wirklich ihr *Home* ist.

Natürlich liegt die Verantwortung für diesen Zustand keinesfalls allein beim israelischen Staat. Die Ängste der Israelis sind kein Phantasieprodukt. Der Nahe Osten hat Israel zu keiner Zeit integriert und nie als einen Staat betrachtet, der zu Recht und nicht gnadenhalber existiert. Die arabischen Staaten haben noch nie Toleranz oder Verständnis für die besondere Lage Israels und für das besondere Schicksal des jüdischen Volkes aufgebracht, und man kann sie von ihrem Teil der Verantwortung für die Tragödie der ganzen Region nicht freisprechen. Kein Wunder also, wenn das Heimatgefühl der Israelis durch seine feindseligen Nachbarn beeinträchtigt ist oder gänzlich fehlt.

Zwar haben die meisten Israelis das Gefühl – wie ein populärer israelischer Schlager sagt –, dass sie »kein anderes Land haben«, und dennoch hat scheinbar auch nach sechsundfünfzig Jahren der Selbständigkeit und Souveränität kein Israeli den Eindruck, sich in seiner Heimat an dem Ort zu befinden, an den er gehört, an seinem natürlichen, sicheren und unanfechtbaren Platz in der Welt, sondern man sieht sich eher als einen Menschen, der noch immer auf von den Nachbarn beanspruchtem Terrain lebt, auf das diese ebenfalls einen Anspruch haben, einen Anspruch, der, auch wenn »die offiziellen Stimmen« des Staates ihn mit Entschiedenheit leugnen, in Form von Ängsten und Schuldgefühlen noch immer uneingeschränkt in das Bewusstsein dringt; die Israelis leben an einem Ort, der ein beständiger Zankapfel ist und häufig auch ein Katastrophengebiet. Auf einem Territorium, das sich nur vielleicht irgendwann einmal in unsichtbarer Zukunft in echte Heimat verwandeln und den Israelis all das bieten wird, was ein Zuhause seinen Bewohnern bieten sollte.

Was für eine schwere Bürde! Schließlich war es das Hauptziel des Zionismus – ganz zu schweigen von der religiösen, spirituellen jahrhundertealten Sehnsucht nach Zion, schon vor dem politischen Zionismus –, dass die Juden in ihre Heimat zurückkehren und sich einen Platz auf der Welt einrichten sollten, wo der jüdische Mensch und das jüdische Volk sich auch zu Hause fühlen könnten –

nicht wie Gäste, nicht wie mehr oder weniger geduldete Ausländer, nicht wie Schmarotzer, sondern wie Familienangehörige und Hausbesitzer. In den Genuss dieser Ruhezone sind wir noch nicht gekommen.

Ich möchte, Gott behüte, damit nicht all die Errungenschaften unterbewerten, die Israel, der beinahe unmöglichen »Startbedingungen« zum Trotz, vorzuweisen hat. Während des ununterbrochenen Kampfes um seine Existenz hat Israel eine Demokratie etabliert, Millionen von Einwanderern aufgenommen, eine tote Sprache wiederbelebt, eine Kultur geschaffen, eine der fortschrittlichsten Landwirtschaften der Welt entwickelt, sich in eine führende Nation im Hightech-Bereich verwandelt und aus dem Nichts eine Armee aufgebaut, die zu den schlagkräftigsten der Welt zählt. Und das nach Tausenden von Jahren, in denen das Volk Israel ohne irgendeine Verteidigungsmacht war. In der Tat hat Israel ansehnliche Errungenschaften darzubieten, und noch mehr – es ist ein Staat mit einem enormen Potenzial, das noch nicht komplett ausgeschöpft ist, nicht zuletzt aus den Gründen, über die ich heute spreche.

Betrachten wir das Heimatgefühl einmal näher: Ich bin der Überzeugung, dass das Selbstbewusstsein der Israelis hinsichtlich ihres Zuhauses und im Grunde hinsichtlich der nationalen israelischen Identität nach Abzug aus den besetzten Gebieten und der Trennung von dem besetzten palästinensischen Volk zunehmen wird. Ich möchte hier klarstellen, dass die Besatzung meines Erachtens nicht der

Hauptgrund für die Feindschaft der arabischen Staaten gegenüber Israel ist. Diese Feindschaft existierte auch vor dem Krieg von 1967, in dem die Gebiete besetzt wurden, die heute das Zentrum des Streites bilden. Und auch wenn die Besatzung aufgehoben wird, wird diese Feindschaft meiner Meinung noch lange bestehen. Doch ein Ende der Besatzung könnte den Knoten des Hasses zu lösen beginnen, könnte Schritt für Schritt die historische, nationale und religiöse Flamme des Hasses dämpfen. Und es könnte damit auch zur Auflösung einiger »Knoten« innerhalb der israelischen Gesellschaft selbst beitragen.

Ich meine, die tiefe Kluft in der heutigen israelischen Gesellschaft rührt zum Teil daher, dass die »besetzten Gebiete« im Bewusstsein der meisten im Land lebenden Juden nicht mit den Grenzen der israelischen Identität übereinstimmen. Dies gilt allerdings nicht für die gläubigen Juden, da diese Gebiete Teil der göttlichen Verheißung unseres Stammesvaters Abraham sind; in Hebron befindet sich die Machpelahöhle und in Bethlehem das Grab Rachels. In Shiloa wurde die Bundeslade aufbewahrt, und in den Feldern Bethlehems weidete Josef die Schafherden seines Vaters Jakob.

Und doch scheinen der israelische Patriotismus und das Heimatgefühl im Bewusstsein der israelischen Mehrheit *bis zur Grünen Linie und nicht weiter* zu reichen. Ich habe einen einfachen Beweis für diese These: Die israelischen Regierungen haben in den letzten Jahrzehnten Hunderte Millionen Dollar für Siedlungen und Siedler ausgegeben.

Das sogenannte »Siedlungsprojekt« war das größte nationale und kostspieligste Projekt Israels seit dessen Bestehen. Ein enormer Apparat von Propaganda, Verführung und Überzeugung, ideologischer, religiöser und nationaler Natur, wurde von sämtlichen Regierungen Israels lanciert, ob rechts oder links, um die Israelis massenweise in diese Siedlungen zu locken. Man hat den Interessenten skandalös hohe wirtschaftliche Vergünstigungen angeboten. Und dennoch leben nach fast vierzig Jahren weniger als zweihundertfünfzigtausend Israelis in den Siedlungen, die meisten von ihnen Kinder, die schon dort geboren wurden. Das heißt, die Zahl der Siedler ist ungefähr so hoch wie die der Bürger einer einzigen Stadt mittlerer Größe in Israel.

Bei allen Umfragen und Erhebungen der letzten elf Jahre seit den Osloer Verträgen finden sich kontinuierlich rund siebzig Prozent der Israelis mit der Teilung des Landes in zwei Staaten ab. Vielleicht sind sie darüber nicht begeistert, doch sie begreifen, dass sie keine andere Wahl haben. Jeder Israeli, der Augen im Kopf hat, kann sehen, dass die Genehmigung des Räumungsplans von Ariel Sharon durch die Knesset im Oktober dieses Jahres einem Schiffbruch der Rechten gleichkommt, die an die Möglichkeit glaubten, über alle Gebiete von Erez Israel herrschen zu können. Darum wiederhole ich, das glühende Nationalgefühl der meisten Israelis reicht heute bis zur Grünen Linie und nicht darüber hinaus. Jenseits dieser Linie ändert sich der Charakter dieses Nationalgefühls: Entweder es kühlt ab und löst sich in Gleichgültigkeit auf, in eine Distanziertheit gegenüber dem, was dort vor sich geht, oder es flammt auf in einer übertriebenen Begeisterung der Siedler und der unterschiedlichen Fanatiker.

Anders ausgedrückt, hier wurde ein absurder, destruktiver Zustand geschaffen, der einen großen Teil der nationalen Energien, der wirtschaftlichen, emotionalen und menschlichen Ressourcen und des politischen, nationalen Engagements verschlingt. Seit beinahe vierzig Jahren wird von den offiziellen staatlichen Institutionen in ein Territorium investiert, das der größte Teil der Israelis als nicht zu ihm gehörend empfindet.

Ich hoffe sehr, dass ein Verzicht auf die Gebiete und auch auf den Status der Besatzung die Israelis – zumindest die meisten von ihnen – zu ihrer authentischen Identität zurückführen wird, so dass dann zum ersten Mal seit Jahren, vielleicht zum ersten Mal seit Beginn des politischen Zionismus, seit den unterschiedlichen Grenzentwürfen des werdenden Staates und des Staates Israel, die Staatsgrenzen mit den Grenzen der Identität übereinstimmen werden.

Es handelt sich um ein sehr schwaches Gefühl. Es fällt mir nicht leicht, es zu beschreiben, vielleicht weil mir damit die Erfahrung fehlt und ich nur davon träumen kann: Ich spreche über die Art, in der ein Volk sich selbst, seine Existenz innerhalb seines Landes, als einen gesunden Körper empfindet, der eine emotionale Verbindung, ein komplettes Nervensystem zu all seinen Teilen unterhält, zu all seinen Gebieten, zu all seinen Grenzen, nachdem er sich von den Konflikten, Dilemmas und harten Kämpfen erholt hat, die mit seinen verschiedenen »Gliedern« zu tun hatten; Kämpfe, die ihm das Leben so sehr verbitterten, dass sie seine Existenz an sich bedrohten.

Ganz zu schweigen von der großen Erleichterung, die wir empfinden könnten, wenn wir uns vom Zustand der Besatzung an sich befreien würden. Ich glaube, dass nicht einmal die Israelis, die Herrscher über Großisrael sein wollen, *Besatzer* sein wollen. Sie wollen zwar das Land, aber sie wollen nicht den *Status der Besatzer.* Und natürlich nicht den Kontakt mit den Besetzten, ein Kontakt, der bei jedem normalen Menschen – selbst wenn er zu extremen Meinungen neigt – das Gefühl von Unrecht und Schuld auslösen muss.

Ich hege keinen Zweifel daran, dass die meisten Israelis, auch wenn sie sich politisch im Zentrum oder rechts davon ansiedeln, das moralische Dilemma spüren, vor das die Besatzung sie stellt. Selbst wenn sie die Besatzung mit raffinierten Argumenten rechtfertigen und selbst wenn sie diese erfolgreich unter die Bewusstseinsschwelle verdrängen, ist ihnen die Last des moralischen Dilemmas bewusst. Sie leben in einem permanenten Konfliktzustand, nicht nur mit der Außenwelt – nicht nur mit ihrem Feind –, sondern auch mit sich selbst und mit ihren Werten.

Denn irgendwo in seinem Innern weiß jeder Mensch, wann er Unrecht tut oder mit dem Unrecht kooperiert. Irgendwo im Herzen jedes vernünftigen, normalen Menschen gibt es eine Stelle, an der er sich selbst nicht über seine Handlungsweisen und ihre Konsequenzen hinters Licht führen kann. Die Last, die das Unrecht verursacht – selbst wenn es verdrängt wird –, existiert und hat Konsequenzen und einen Preis. Was für eine Erleichterung und was für ein Gefühl der Korrektur in der tiefsten spirituellen Bedeutung könnte die Befreiung vom Zustand der Besatzung und von den offenen und verborgenen Konflikten, die er permanent schafft, bedeuten.

Vielleicht sollte man hier ein paar Beschädigungen erwähnen, die häufig unterschlagen werden, wenn von dem Preis gesprochen wird, den Israel im jetzigen Zustand bezahlt, in dem es eine Besatzung, keinen Frieden und keine Hoffnung auf Frieden gibt. Ich spreche von dem starken Gefühl eines Versäumnisses, das mehr und mehr diejenigen ergreift, für die Israel ein Traum war und die die Hoffnung hegten, eine moralische, gerechte Gesellschaft zu schaffen, eine Gesellschaft mit einer humanistischen und intellektuellen Vision. Und ich will auch die Enttäuschung in Erinnerung rufen, die Enttäuschung darüber, dass gerade wir, die Juden, die wir uns stets mit Misstrauen und Vorsicht gegenüber der Macht verhielten, von dem Moment an, als wir die Macht erhielten, trunken von ihr wurden. Machttrunken und herrschsüchtig und von allen Krankheiten befallen, die ein Übermaß an Macht mit sich bringt, und die gesündere und stärkere Nationen als Israel kontaminieren. Schrankenlose Macht und Herrschaft verführen dazu, den Hilflosen zu schaden, sie wirtschaftlich auszunutzen, sie kulturell zu erniedrigen und auch persönlich zu demütigen.

Und ich will auch über den Preis eines Lebens ohne Hoffnung sprechen. Über das Entstehen einer fatalistischen, resignierten Stimmungslage, die dazu führt, dass so viele Israelis den Eindruck haben, die Situation würde sich nie verbessern und das Schwert würde ohne Ende fressen, und es gäbe eine Art »himmlisches Urteil«, welches uns dazu bestimmt, ewig zu töten und getötet zu werden. Mir fällt dazu ein, vor fünfzig oder sechzig Jahren waren die Mitglieder des Jeshuws im jungen Israel zu jedem Opfer bereit, weil sie spürten, dass sie ein beispielloses, gerechtes Ziel hatten, während heute vielen Menschen in Israel das Ziel nicht mehr als gerecht erscheint und ihnen oft gar nicht klar ist, worin es überhaupt besteht. Dieses Fehlen eines Inhalts, der Mangel an Vertrauen in die Führung und ihren Weg, nagt langsam auch am Kern der Sache, nämlich an dem Glauben an das Existenzrecht des Staates Israel. Er stärkt innerhalb bestimmter Kreise die Positionen, die den ganzen Staat Israel – nicht nur die Siedlungen – als ein Resultat kapitalistischen, kolonialistischen Unrechts ansehen, von einem Apartheidregime sprechen, das losgelöst von historischen, nationalen und kulturellen Motiven ist und darum ohne Legitimation und ohne Existenzberechtigung.

Das Ende der Besatzung könnte zur Heilung einiger dieser inneren Wunden führen. Ich glaube nicht, dass es in naher Zukunft solch eine radikale Veränderung geben wird, doch auch wenn sie erst in ein oder zwei Generationen stattfindet, könnte sie die Abkehr Israels von seinem eigenen Ethos allmählich korrigieren. Wenn es dazu käme, läge hier vielleicht auch eine neue Möglichkeit für die faszinierende Synthese zweier Grundmodelle des jüdischen Volkes: auf der einen Seite das Modell des israelischen Juden, der in seinem eigenen Land lebt, der in ihm und seinen Landschaften, in der Sprache und Kultur verwurzelt ist, eines bodenständigen Menschen, der in der Realität mit all ihren Facetten und Widersprüchen lebt; und auf der anderen Seite das Modell des universellen kosmopolitischen Juden, der das Bestreben und die Vision hat, eine geistige und moralische Mission zu erfüllen, überall die Stimme der Schwachen und Unterdrückten zu sein, ein Repräsentant eines klaren, festen moralischen Systems, das seine Kraft aus Ideen, Reflexionen und ethischen Verpflichtungen schöpft, ein Mensch, der in jedem anderen Menschen eine große Schöpfung sieht, einzigartig und einmalig im Geist der Vision Jesajas und der Vision moderner Denker wie Franz Rosenzweig und Martin Buber.

Denken Sie einen Moment über die mögliche Kombination dieser beiden Modelle nach! Stellen Sie sich ein Israel vor, dem es gelingt, sich einen Platz in der Völkerfamilie zu sichern. Ein Israel als souveräner Staat, selbstsicher – und ein wichtiger Teil seiner Identität, Tradition und Stärke ist die menschliche universale Verpflichtung, die Einmischung in die Nöte der Welt und das Artikulieren moralischer Positionen in gesellschaftlichen, politischen und wirtschaftlichen Fragen. Und auch das Gewähren humanitärer Hilfe, wo immer sie gebraucht wird. Mit anderen Worten, ein Staat Israel, der wieder – dieses Mal aus einer neuen, souveränen selbstsicheren Position heraus – seinen Platz einnimmt und die geschichtliche moralische Bestimmung des Volkes Israel in der Geschichte der Menschheit wahrnimmt.

Schließlich drängt sich einem ein Gedanke auf: Was wäre geschehen und wie hätte es ausgesehen, wenn Israel eine einzigartige nationale, gesellschaftliche Schöpfung geworden wäre und sich nicht überstürzt in eine provinzielle und etwas unbeholfene Imitation der westlichen Staaten verwandelt hätte? Was wäre geschehen, wenn Israel von vorneherein eine nationale, gesellschaftliche Wahl getroffen hätte, die mutiger und weitreichender gewesen wäre als die, zu der es erstarrt ist; eine Wahl, welche die hohen jüdischen universellen Werte kombiniert hätte mit einem wirtschaftlichen, humanen, gesellschaftlichen System, in dessen Zentrum der Mensch steht und nicht Mammon oder die Macht und ein erdrückender Wettbewerb. Eine Wahl mit einem einzigartigen, phänomenalen, sogar genialen Funken – wie zum Beispiel die Idee des Kibbuz in seinen Anfängen, bevor sie schwammig wurde und zerfiel, und die Beiträge, die das Judentum zu vielen unterschiedlichen Bereichen des menschlichen Daseins geleistet hat, zur Wissenschaft, zur Wirtschaft, zu Kunst und Philosophie, zu politischen und gesellschaftlichen Modellen.

Mir ist selbstverständlich bewusst, dass meine Worte utopisch klingen, möglicherweise sogar naiv. Doch schließlich enthält alles, was ich heute Abend hier äußere, einen Hauch utopischen Wunschdenkens. Und es ist durchaus möglich, dass ein Teil meines – und vielleicht nicht nur meines – privaten Genesungsprozesses von der fast chronischen Krankheit der politischen Lage darin bestehen würde, wieder an die Möglichkeit zu glauben, sich von dem knebelnden, verzweifelten Alltag zu befreien, von dem Zynismus, der jede Hoffnung und jeden Höhenflug erdrückt.

*

Ich spreche über das Gefühl der Identität und über das Heimatgefühl, die der Frieden Israel bringen könnte. Man kann nicht über ein Haus sprechen, ohne über seine Wände zu reden, die *Grenzen*. In den sechsundfünfzig Jahren seiner Existenz gab es nicht ein Jahrzehnt, in dem Israel solide, stabile Grenzen hatte. 1947 erhielt es eine internationale Grenze, die nach dem Ausgang des Krieges 1948 sogleich verschoben wurde. 1956 änderte sich die südliche Grenze infolge des Krieges mit Ägypten, der Besetzung und der späteren Räumung der Sinaihalbinsel. Der Sechs-Tage-Krieg 1967 vergrößerte die Fläche Israels um das Fünffache und verschob seine Grenzen im Norden, Osten und Süden. Der Krieg im Jahre 1973 und der Frieden mit Ägypten 1977 änderten erneut die israelischen Grenzen und trennten das Land von der Sinaihalbinsel. Der Libanonkrieg 1982 brachte die israelische Armee tief in das libanesische Staatsgebiet und verrückte praktisch für achtzehn Jahre Israels Nordgrenze über Dutzende von Kilometern. Die Osloer Verträge 1993 und der Frieden mit Jordanien 1994 änderten die Ostgrenze zu Jordanien in Bezug auf die Palästinensische Autonomiebehörde. Diese Grenze, die Ostgrenze, ist besonders fragil und trügerisch durch die geballte Anwesenheit der Siedlungen mitten in palästinensischem Gebiet.

Übrigens ist die einzige Grenze, die für die Israelis auf eine beinahe natürliche Weise klar und real ist, die Westgrenze, das Meer. Würde ich diese Rede in Israel halten, würde jeder sofort bitter zustimmend nicken. (Es ist interessant, dass gerade das Meer, das unbeständigste, beweglichste, trügerischste Element im Gefühl der meisten Israelis die einzig eindeutige, *stabile* Grenze darstellt...)

Die Bürger Israels haben kein klares Gefühl für den Begriff »Grenze«. So zu leben bedeutet, in einem Haus zu leben, dessen Wände sich ununterbrochen bewegen, verrücken und immer wieder eingerannt werden. Wessen Haus keine festen Wände hat, der kann nur schwerlich wissen, wo sein Bereich »endet« und wo der des anderen »beginnt«. Und wer dies nicht weiß, dem geht die Verteidigung in Fleisch und Blut über und er ist stets auf der Hut vor denen, die ihn bedrohen. Und auch seine Nachbarn sind ständig verführt, seine labilen Grenzen zu überschreiten. In dieser Situation neigt der Mensch dazu, »überzuverteidigen«, das heißt, aggressiv zu sein. Die Entscheidungen, die er im Notfall oder im Dilemma trifft, sind in der Regel extrem, übereilt und militärischer Natur. Die Schlüsse, die er aus seiner Geschichte zieht, sind zwangsläufig die radikalsten und darum auch die einfallslosesten und die undifferenziertesten, die häufig seinem aktuellen Realitätsbegriff schaden.

In gewisser Weise rekonstruiert hier der Staat Israel eine der schweren Anomalien des jüdischen Volkes in der Diaspora und die Tragik seiner Existenz während der letzten zweitausend Jahre – die Anomalie eines Volkes, das inmitten anderer Völker lebt, die ihm beinahe ausnahmslos feindlich gesinnt sind und mit denen es problematische ungeklärte Grenzlinien unterhält, sodass jeder Kontakt als gefährliches Eindringen in empfindliche, spannungsgeladene Bereiche interpretiert werden kann.

Ich träume von einer Zeit, in der der Staat Israel endlich eine dauerhafte, stabile, verteidigungsfähige Grenze hat, von der UNO, von der ganzen Welt, inklusive der arabischen Staaten anerkannt. Eine Grenze, über die in Verhandlungen mit den Exfeinden entschieden wird, auf der Basis gegenseitigen Verständnisses, nicht auf eine einseitige Weise und nicht unter Zwang – wie Israel es tut, wenn es um sich herum eine Mauer hochzieht. Der Wert dieser neuen Grenze wäre die Sicherheit. Sie würde Identität vermitteln, sie würde ein Heim definieren.

Der Jude, behauptete George Steiner, ist nicht an einem Ort zu Hause, sondern in der Zeit. Sechstausend Jahre Selbstverständnis sind eine Heimat. Eine Festlegung der israelischen Grenzen hätte auch den Vorteil, dass das Volk

Israel endlich eine innere Entscheidung trifft, ob es in einem Land oder in der Zeit zu Hause ist. Das heißt, ob es »das ewige Volk« ist, das nicht auf physisch bestimmte Weise mit einem Land verbunden ist und das auch in einer universellen Sphäre von Religion und Kultur existieren kann, einer Sphäre von »Selbstverständnis«, Vergeistigung und rein abstrakter Sehnsucht. Oder ob es nun die Reife erlangt hat, eine neue Stufe zu nehmen, eine Stufe, die die wahre, vollständige Verwirklichung des Prozesses wäre, der 1948 mit der Errichtung des Staates Israel begann.

Mit anderen Worten, eine Vereinbarung über die Festlegung der Grenzen Israels und die Regelung seiner Beziehungen mit all seinen Nachbarn könnte schrittweise eine Antwort auf die komplizierte, brisante Frage geben: Wollen und *können* die Juden endlich in einem Staat mit dauerhaft festgelegten Grenzen, mit einer klaren und eindeutigen *nationalen* Definition leben? Oder sind sie dazu verdammt – aus Gründen, auf die ich hier nicht eingehe und die vielleicht eher seelischer als politischer Natur sind –, weiterhin nach einer Existenz zu suchen, die durch eine Art »Fehlen von Grenzen« bestimmt ist, in der tiefsten Bedeutung der Worte, in ständiger Bewegung zwischen Diaspora und Rückkehr, Assimilierung und der Rückbesinnung auf die jüdische Identität? Das heißt, in einem Zustand zu leben, der sich konsequent jeder Definition entzieht, in einem Zustand, der sie offen macht für alle Kräfte, die um sie herum agieren und die sie manchmal bereichern und befruchten und manchmal, wie es häufig geschah, danach trachten, sie zu vernichten.

Und von hier aus kann man auch weiter darauf hoffen, dass eine Friedensvereinbarung und die Festlegung sicherer stabiler Grenzen Israel von dem tiefsitzenden Gefühl heilen werden international nicht akzeptiert zu sein, obwohl es schon seit sechsundfünfzig Jahren einen Staat hat.

Denn dies ist vielleicht die größte Tragödie des jüdischen Volkes: dass im Laufe seiner Geschichte die übrigen Völker und die andern Religionen, allen voran das Christentum und der Islam, in ihm ein *Symbol* oder eine *Metapher* für irgendetwas anderes sahen, zum Beispiel eine Strafe für eine Erbsünde, und dass man in ihm zu wenig »die Sache an sich« sah, ein Volk unter den Völkern, Menschen unter anderen Menschen.

Beinahe zweitausend Jahre lang wurde der Jude an den Rand gedrängt, wurde aus der praktischen politischen Realität deportiert, aus dem, was man »Völkerfamilie« nannte. Seine Menschlichkeit wurde ihm mit einer Vielzahl raffinierter Mittel genommen, Dämonisierung auf der einen, Idealisierung auf der anderen Seite – im Grunde zwei Gesichter der gleichen Entmenschlichung. Man hat Ängste und Aberglaube auf ihn projiziert, man verhielt sich ihm gegenüber wie gegenüber einem abnormen, mysteriösen metaphysischen Geschöpf, das andere innere Gesetzmäßigkeiten aufweist als der Rest der Menschheit und das über geheime, übernatürliche Kräfte verfügt – die Nazis definierten den Juden gar als »Untermenschen«.

Judas Iskariot, der Mörder Gottes, der Antichrist, der wandernde Jude, der Ewige Jude, der Brunnen vergiftende Jude, der Seuchen verbreitende Jude, die Alten von Zion, die den Wunsch hegen, die Welt zu beherrschen, und dergleichen mehr, satanische und groteske Figuren, shylockhaft und faginisch, sickerten in die Folklore, die Religion, die Literatur und sogar die Wissenschaften. Vielleicht fanden die Juden deshalb Trost in der Selbstidealisierung, darin, dass sie sich selbst als das auserwählte Volk sehen, eine Selbstidealisierung, die problematisch und hinderlich ist und einen noch mehr isoliert.

Ich spreche hier von einem besonders zarten, empfindlichen Gefühl, dem Gefühl der tiefen Fremdheit auf der Welt. Der Fremdheit des jüdischen Volkes unter anderen Völkern. Von der existenziellen Einsamkeit, der Furcht vor nicht enden wollender Verfolgung und Quälerei, die vielleicht nur ein Jude auch ohne Worte nachvollziehen kann. Über Rätsel und Mysterien, die das jüdische Volk – und den einzelnen jüdischen Menschen – seit Generationen umgeben, Rätsel, die andere Völker immer wieder dazu veranlassten, sie auf alle möglichen Weisen zu lösen, den Juden mit rassistischen Definitionen zu belegen, ihn immer wieder in Zäune und Gettos zu pferchen, seine Lebensräume, seine Beschäftigungsbereiche, seine unterschiedlichen Rechte zu beschränken, bis hin zu dem totalen, grauenvollen Versuch, das jüdische Rätsel ein für alle Mal in der »Endlösung«, zu lösen.

Und wenn wir nur zehn Jahre zurückblicken, zu den

Tagen, als der »Osloer Prozess« seinen Anfang nahm, sollten wir daran denken, was sich damals in der Weltsicht und im Selbstverständnis der Israelis wesentlich verändert hat. Damals begannen viele Israelis den berauschenden Geschmack zu kosten, eine neue Art von Zugehörigkeit zur modernen Welt, eine Art »Akzeptanz« einer fortschrittlichen, zivilen und liberalen, nicht religiösen Universalität. Eine gewisse Normalität eines Volkes unter den Völkern.

Für kurze, sehr kurze Zeit zeichnete sich eine Chance auf die Entstehung eines anderen Beziehungsgeflechts zwischen Israel und »dem Rest der Welt« ab, wechselseitiger, gleichberechtigter und weniger spannungsgeladen.

Doch dann, in den letzten Jahren, infolge des starken Gefühls der Bedrohung, das die Intifada und die Anschläge hinterlassen haben, infolge des großen Hasses der Welt auf das Vorgehen Israels (und oft auch aufgrund der puren Tatsache seiner Existenz), infolge der Verstärkung des Antisemitismus und der zunehmenden Dämonisierung Israels, hatten die Israelis das Gefühl, erneut in die tragische Wunde des Judentums gesaugt zu werden. In die schmerzhaftesten und lähmendsten Narben der Erinnerung. Das israelische Selbstverständnis, das einmal zukunftsorientiert war und eine Verheißung barg, scheint sich in den letzten Jahren immer mehr zu verändern und wieder von den Traumata und den leidvollen Erfahrungen der jüdischen Geschichte bestimmt zu werden – und fast nur von ihnen. Infolgedessen werden in den »neuen«

Israelis wieder die Ängste des jüdischen Schicksals, die Furcht vor der Vertreibung, die Opferrolle, das Gefühl der tiefen Einsamkeit und das starke existenzielle Gefühl der Fremdheit des jüdischen Volkes unter den anderen Völkern wach.

Kann ein Zustand des wahren Friedens tatsächlich die Heilung des jüdischen Israeli von jener Qual und Anomalie bewirken? Im gleichen Atemzug muss man fragen, ob die »Welt«, das heißt jene Teile der christlichen und moslemischen Welt und die der anderen Religionen, die Staaten, in denen Antisemitismus herrscht, ob offen oder als Tiefenströmung, in der Lage sein würde, sich selbst von der Beschädigung durch ihr Verhalten gegenüber Israel und dem Judentum zu kurieren? Würden sie es schaffen, sich jemals vom Rassismus gegenüber den Juden zu befreien? Diese große, unermessliche Frage werde ich mit Ihrer Erlaubnis offenlassen. Ich muss die Antwort darauf schuldig bleiben.

*

Und da ist noch eine Frage, eine schwerwiegende, auf die es ebenfalls noch keine Antwort gibt und die da lautet: Was wird mit der israelischen Gesellschaft, die in sich polarisiert und zerstritten ist, tatsächlich geschehen, wenn die äußere Bedrohung von ihr genommen ist, die sie zurzeit vor den inneren Konflikten schützt und sie darin bestärkt, sich nicht direkt mit diesen auseinanderzusetzen?

Einem Außenstehenden könnte diese Frage übertrieben

und an den Haaren herbeigezogen vorkommen, doch sie schwebt seit vielen Jahren im Raum der israelischen Öffentlichkeit, und zwar so deutlich, dass man hier manchmal Sätze in der Art wie »der Krieg mit den Arabern rettet uns vor einem Bürgerkrieg« zu hören bekommt.

Es besteht kein Zweifel daran, dass das Wegfallen der äußeren Bedrohung Israels der Beschäftigung mit den starken inneren Problemen Raum schaffen wird: Zwar wird der Stachel der Diskussion zwischen »rechts« und »links« in der Frage der Besatzung stumpf werden, doch werden die enormen gesellschaftlichen und sozialen Unterschiede an die Oberfläche des Bewusstseins dringen, die gespannten Beziehungen zwischen säkularen und religiösen Juden, zwischen Juden und Arabern und den unterschiedlichen Migrationsgruppen, die gar nicht in der Lage sind (und es anscheinend auch nicht sein wollen), zu versuchen, einander zu verstehen; und überhaupt könnte die Zerbrechlichkeit der bunten, so zerstrittenen Migrationsgesellschaft, die hier geschaffen wurde, zum Vorschein kommen, und auch auf welch tönernen Füßen die demokratische Weltanschauung in Israel steht. Diese Weltanschauung scheint von den meisten Bürgern nicht wirklich verinnerlicht zu sein, zum einen, weil sie aus Ländern stammen, die keine Demokratie kennen, aber auch, weil man keine echte Demokratie aufrechterhalten kann, wenn der Staat gleichzeitig an Besatzung und Unterdrückung festhält.

Dennoch wird schließlich nur ein vollkommener Zyniker – oder ein Spinner – den Kriegszustand, in dem Israel sich schon seit über hundert Jahren befindet, einem Zustand des Friedens vorziehen, wie schlimm er auch sein mag. Auch wenn in Friedenszeiten innere Konflikte ausbrechen werden, auch wenn Dämonen frei werden, die jetzt noch in ihren Flaschen eingesperrt sind, werden es »unsere Dämonen« sein, die inneren authentischen Identitätsstoffe des Staates Israel und der israelischen Gesellschaft. In gewisser Weise werden die dann stattfindenden Prozesse, so schmerzhaft sie auch sein werden, für den Aufbau der israelischen Identität und für den inneren »Code« von Bedeutung sein. Viel mehr als die Prozesse, in die diese Identität infolge des Konfliktes mit den Arabern geriet.

Schon die Tatsache, dass solche Zweifel offen ausgesprochen werden und dass solche Gedanken bei vielen Menschen als »Faktum« bezeichnet werden können, bezeugt ja, wie stark die Zerstörung und die Degenerierung fortgeschritten sind, in die man durch zu langes Verweilen im bösartigen Strahlungsfeld des Krieges sinken kann.

*

»Hier im Land unserer Väter werden alle Hoffnungen erfüllt«, sangen unsere Väter, die Pioniere, die vor etwa hundert Jahren nach Erez Israel kamen. Heute ist längst klar, wenn sich auch nur ein Bruchteil von »allen Hoffnungen«, die in dem Lied angesprochen werden, erfüllen soll, müssen noch viele Jahre vergehen. Es wird sehr schwer werden, sich von den Beschädigungen durch die Gewalt und die Ängste zu lösen, wie es einem Sklaven manchmal schwerfällt, sich von seinen Fesseln zu befreien. Wie es mitunter einem Menschen schwerfällt, ein Gebrechen aufzugeben, um das er seine Persönlichkeit gebaut hat.

Denn schließlich wurde die Lage, in der wir uns befinden, in Israel, in Palästina, im Nahen Osten, in gewisser Weise zu solch einem Gebrechen, sowohl auf nationaler als auch auf persönlicher Ebene. Viele von uns haben sich so sehr an die Beschädigung gewöhnt, dass es ihnen unmöglich ist, überhaupt zu glauben, dass es auch andere Existenzmöglichkeiten geben kann, und andere schaffen sich ganze Ideologien, politisch und religiös, um die Fortsetzung des existierenden Zustands zu *sichern.*

Der Philosoph Hegel sagte, es sind die Bösen, die die Geschichte machen. Ich meine, wir im Nahen Osten kennen sehr wohl auch die Umkehrung dieser Feststellung und sehen, wie die Geschichte Menschen zu Bösen machen kann. Wie das Leben inmitten von Feindschaft und die Notwendigkeit, sich immer steifer, misstrauischer, brutaler und »militärischer« zu geben, nach und nach etwas in der Seele töten können, bis sie zu einer inneren Totenmaske erstarrt, die sich über das Bewusstsein, über den Willen, über die Sprache und über die simple natürliche Lebensfreude stülpt.

Das sind die wahren Gefahren, aus denen Israel sich so schnell wie möglich befreien muss. Israel braucht die Erfahrung eines Lebens in Frieden, nicht nur, weil dies für seine Sicherheit und Wirtschaft notwendig ist, sondern damit es in gewisser Weise *Bekanntschaft mit sich selbst machen kann.* Mit dem, was noch immer in seinem Wesen ruht und schlummert. Mit jenen Teilen seiner Identität, seines Charakters und seiner Existenzmöglichkeit, derer es nahezu beraubt ist, bis der Zorn sich legt, bis der Krieg vorbei ist, bis man das Leben in seiner ganzen Fülle leben und all seine Dimensionen verwirklichen darf und nicht nur die enge Dimension des Überlebens um jeden Preis.

Elias Canetti spricht in einem seiner Essays darüber, das Überleben sei im Grunde eine immer wiederkehrende Todeserfahrung. Eine Art Übung des Todes und der Todesangst. Manchmal spüre ich, dass ein Volk von eingeschworenen Überlebenden wie unseres, das jüdische Volk, ein Volk ist, das sich in gewisser Weise dem Tod zuwendet, zumindest mit der gleichen Stärke und Vertrautheit, mit der es sich dem Leben zuneigt. Ein Volk, für das der Tod ein nicht weniger intimer, treuer Gesprächspartner ist als das Leben. Und ich meine damit nicht eine Art Romantik des Todes, seine Idealisierung oder sogar die Verliebtheit in den Tod (Strömungen, wie sie zum Beispiel in Deutschland Ende des 19. Jahrhunderts umgingen); ich spreche über etwas anderes, Tieferes als das. Über eine Erfahrung aus erster Hand, eine bittere Erfahrung, die mit der Nabelschnur übertragen wird, die Erfahrung der Konkretheit, der Realität, der Alltäglichkeit und der Verfügbarkeit des Todes. Eine Erfahrung der »unerträglichen Leichtigkeit des Todes«, deren traurigsten Ausdruck ich einmal in einem Interview mit einem israelischen Paar am

Abend seiner Hochzeit zu hören bekam. Die Eheleute wurden gefragt, wie viele Kinder sie haben wollten, und die junge hübsche Braut sagte sofort, sie wollten drei Kinder, »damit, wenn einer im Krieg ums Leben kommt, uns noch zwei bleiben«.

Wenn ich höre, wie sogar sehr junge Israelis über ihre Ängste, über den Mangel an Mut, sich eine bessere Zukunft zu wünschen, sprechen, wenn mir klar wird, wie stark die existenzielle Angst bei Menschen, die mir nahestehen und bei mir selbst ist und wie stark der Einfluss der jüdischen tragischen historischen Erinnerung, spüre ich oft auf schauderhafte Weise, welche gravierende Verstümmelung die Geschichte uns angetan hat, bestehend in der furchtbaren Neigung, das Leben als latenten Tod zu sehen.

In stabilen, andauernden Friedenszeiten ist es möglich, dass auch diese Beschädigung und diese Ängste irgendeine Genesung erfahren. Wenn Israel in Frieden mit seinen Nachbarn leben wird, wird es die Chance haben, seine ganzen Fähigkeiten und seine ganze Einzigartigkeit zu verwirklichen, unter normalen Umständen auszuloten, wozu es als Volk und als Gesellschaft in der Lage ist; zu entdecken, ob es die Kraft hat, sich eine geistige und materielle Realität zu schaffen, die voller Leben ist und voller Kreativität und Inspiration, Mitleid und Menschlichkeit; zu prüfen, ob die jüdische Mehrheit die Fähigkeit hat, sich gleichberechtigt, menschlich – und somit auch absolut jüdisch – gegenüber der palästinensischen Minderheit zu verhalten, die unter uns lebt; zu sehen, ob die israelischen Juden in der Lage sind, sich von der destruktiven, vernichtenden Metapher zu befreien, die die Nationen ihnen zugewiesen haben – nämlich als der ewige Fremde verstoßen und heimatlos inmitten der Völker zu wandeln. Und wieder »ein Volk aus Fleisch und Blut zu sein«; nicht nur ein Symbol und kein abstrakter Begriff, keine Fabel und kein Stereotyp, kein Ideal und kein Dämon. Ein Volk in seinem Land, ein Volk, dessen Staat von einer festgelegten, verteidigungsfähigen internationalen Grenze umgeben ist; ein Volk, das nicht nur das Gefühl von Sicherheit und Kontinuität genießt, sondern auch die seltene Erfahrung der *Wirklichkeit*, dass es endlich »ein Teil des Lebens ist« und nicht nur »einer Geschichte, die größer als das Leben ist«, wie es seit eh und je war.

Vielleicht werden die Israelis dann in den Genuss eines Geschmacks kommen, den sie auch nach sechsundfünfzig Jahren Unabhängigkeit nicht wirklich kennen: eines tiefen inneren Gefühls der Sicherheit, der »Festigkeit der Existenz« wie die, welche auf einfache und rührende Weise in dem Mussafgebet für den Sabbat ausgedrückt wird: »... und uns in unser Gebiet einzupflanzen«.

Meine Damen und Herren, ich würde gerne mit einem weiteren Wunsch enden, den ich einst in meinem Buch *Stichwort: Liebe* ausgesprochen habe, im Grunde ist es der Satz, mit dem das Buch endet. Er fällt in dem Moment, in dem eine Gruppe vertriebener Juden im Warschauer Getto ein verlassenes neugeborenes Baby findet und beschließt, es großzuziehen. Diese Juden, alt, gebrochen und gequält, stehen um das Baby herum und träumen davon, wie sein Leben wohl aussehen könnte, was für ein Mensch es einmal sein wird und in welcher Welt es aufwachsen wird. Hinter ihnen ist die Welt beinahe zerstört. Sie ist voller Blut, Feuer und Rauchschwaden, doch sie beten zusammen. Und das sind ihre Worte: »Und wir beteten alle um eine Sache: daß er sein Leben beenden würde, ohne etwas vom Krieg zu wissen... Um so wenig baten wir, so klein war unsere Bitte: daß ein Mensch sein Leben von Anfang bis Ende leben möge, ohne zu wissen, was das ist: Krieg.«

(Deutsch von Judith Brüll, Hanser Verlag, München 1991)

Rede anlässlich der Gedenkfeier für Jitzhak Rabin

Die alljährliche Gedenkfeier für Jitzhak Rabin ist Anlass, ein wenig innezuhalten, uns Rabin als Mensch und Staatsmann in Erinnerung zu rufen und den Blick auch auf uns zu richten, auf die israelische Gesellschaft, ihre Führung, die nationale Stimmung, den Stand des Friedensprozesses und unsere persönliche Situation innerhalb des großen, politischen Geschehens.

Dieses Jahr können wir uns selbst kaum ins Gesicht schauen.

Es herrschte Krieg. Israel hat seine gewaltigen militärischen Muskeln spielen lassen und gerade dadurch seine Hilflosigkeit und Verletzlichkeit gezeigt und uns klargemacht, dass unsere militärische Stärke allein unsere Existenz nicht sichern kann. Vor allem mussten wir feststellen, dass unser Land in nahezu allen Lebensbereichen tiefer in der Krise steckt als angenommen.

Ich stehe hier vor Ihnen, als jemand, dessen Liebe zu diesem Land problematisch und kompliziert ist und dennoch außer Frage steht. Als ein Mensch, dessen Bande, die ihn mit diesem Land verbunden haben, sich auf tragische Weise in blutige Bande verwandelt haben. Ich bin ein durch und durch säkularer Mensch, und dennoch ist die Gründung und die pure Tatsache der Existenz des Staates Israels für mich eine Art Wunder, das uns als Volk geschah. Ein politisches, nationales und menschliches Wunder. Ich vergesse dies nicht einen Moment. Auch nicht, wenn vieles in unserer Realität mich empört und deprimiert, auch nicht, wenn das Wunder immer mehr in Routine und Armseligkeit, Korruption und Zynismus zerfällt. Und auch wenn die Realität wie eine schlechte Parodie des Wunders wirken mag, vergesse ich es nicht.

Dieses Gefühl begleitet mich heute Abend.

»Sieh nur, Erde, wir waren sehr verschwenderisch«, schrieb der Dichter Saul Tschernichowsky 1938. Er beklagte, dass der Schoß der Erde des Landes Israel immer wieder junge Menschen in der Blüte ihrer Jahre aufnimmt.

Der Tod junger Menschen ist eine furchtbare, zum Himmel schreiende Verschwendung. Aber nicht weniger furchtbar ist das Gefühl, dass der Staat Israel seit vielen Jahren auf kriminelle Weise nicht nur das Leben seiner Söhne verschleudert, sondern auch das Wunder, das ihm widerfuhr – dass er die große, seltene Chance vertut, die ihm die Geschichte schenkte, eine Chance, hier einen aufgeklärten, demokratischen Rechtsstaat zu schaffen, der nach jüdischen und universellen Werten handelt. Einen Staat, der nationale Heimstatt und Zuflucht, doch nicht *nur* Zuflucht bietet, sondern der auch der jüdischen Existenz eine neue Bedeutung verleiht. Einen Staat, in dem ein wichtiger, existenzieller Teil der jüdischen Identität, des jüdischen Ethos, in der völligen Gleichberechtigung und dem Respekt gegenüber den nichtjüdischen Bürgern besteht.

Und seht nur, was geschehen ist!

Seht, was aus dem jungen, mutigen, enthusiastischen Staat geworden ist! Wie in einem beschleunigten Alterungsprozess ging Israel von der Säuglings-, Kindheits- und Jugendphase über in den permanenten Zustand der Nörgelei, der Schwäche und des Gefühls, etwas verpasst zu haben. Wie konnte das geschehen? Wann haben wir die Hoffnung auf ein anderes, ein besseres Leben verloren? Und was noch schlimmer ist, wieso fahren wir auch heute noch fort, am Rand zu stehen und wie hypnotisiert zuzusehen, wie Wahnsinn, Brutalität, Gewalt und Rassismus von unserem Zuhause Besitz ergreifen?

Ich frage euch, wie kann es sein, dass ein kreatives, innovatives Volk wie unseres, ein Volk, das es immer wieder fertigbringt, sich aus der Asche zu erheben, heute – da es über eine so große militärische Macht verfügt – derart schwach und ohnmächtig ist? Dass es wieder in der Rolle des Opfers steckt, diesmal jedoch des Opfers seiner selbst, des Opfers seiner Ängste, seiner Verzweiflung und seiner eigenen Kurzsichtigkeit?

Der letzte Krieg hat uns schmerzlich bewusst gemacht, dass dieser Tage »kein König in Israel« ist. Dass unsere Führung, die politische wie die militärische, hohl ist. Ich rede hier nicht von den offensichtlichen Unterlassungen in der Kriegsführung und auch nicht davon, dass man die Zivilbevölkerung im Hinterland im Stich gelassen hat. Auch nicht von Korruption im kleinen und großen Stil. Ich spreche darüber, dass die heutige Führungsschicht nicht in der Lage ist, die Israelis mit ihrer Identität in Übereinstimmung zu bringen. Und schon gar nicht mit den gesunden, vitalen und fruchtbaren Teilen dieser Identität; mit ihrer Geschichte und ihren Grundwerten, aus denen sie Kraft und Hoffnung schöpfen könnten, die Antikörper sein sollten gegen das Erschlaffen der »gegenseitigen Bürgschaft« und das Erkalten der Verbundenheit mit dem Land, die dem aufreibenden, verzweifelten Existenzkampf letztendlich irgendeinen Sinn verleihen würden.

Was die untaugliche Politik der israelischen Regierung heute auszeichnet, ist das Schüren von Ängsten, die Faszination der Macht, das Liebäugeln mit der Korruption und der Ausverkauf von allem, was uns lieb und teuer ist. Im Grunde genommen bietet sie keine Orientierung, ganz gewiss nicht einem verirrten Volk in solch einer schwierigen Lage. Mitunter könnte man meinen, ihr Denken, ihr Geschichtsbewusstsein, ihre Vision, ihre Schwerpunkte reichten nur von einer Schlagzeile zur nächsten. Oder von einem Verhör des Generalstaatsanwalts zum anderen.

Seht euch nur unsere Staatsmänner an! Nicht alle, natürlich, aber viele von ihnen. Seht euch ihre ängstliche, argwöhnische, verschwitzte Handlungsweise an. Ihre betrügerische Haltung gegenüber der Justiz. Es ist lachhaft, auch nur zu hoffen, dass von ihnen eine »Weisung« ausginge, dass aus ihnen irgendeine Vision geboren würde oder auch nur ein origineller Gedanke, ein wirklich kreativer, mutiger, weitsichtiger Gedanke. Wann hat der Ministerpräsident das letzte Mal einen Schachzug gemacht oder auch nur ersonnen, der den Israelis einen einzigen neuen Horizont eröffnet hätte? Eine bessere Zukunft? Wann hat er einen gesellschaftlichen, kulturellen, ethischen Schritt unternommen und nicht nur hektisch auf die Schritte anderer reagiert?

Herr Ministerpräsident, ich spreche nicht aus Wut oder Rache. Ich habe lange genug gewartet, um nicht im Affekt zu handeln. Sie können meine Worte an diesem Abend nicht damit abtun, dass ein trauernder Mensch unzurechnungsfähig sei. Natürlich trauere ich. Mein Schmerz ist größer als meine Wut. Mir tut es leid um dieses Land und um die Dinge, die Sie und Ihre Gefährten ihm antun. Glauben Sie mir, Ihr Erfolg ist mir wichtig, denn unser aller Zukunft hängt von Ihrem kompetenten Handeln ab.

Jitzhak Rabin hat den Weg des Friedens mit den Palästinensern nicht aus besonderer Sympathie für sie und ihren Anführer eingeschlagen. Auch damals herrschte bekanntlich die Meinung vor, dass wir unter den Palästinensern keinen Gesprächspartner hätten und es mit ihnen nichts zu verhandeln gäbe. Rabin entschied sich zu handeln, weil er klug genug war, zu begreifen, dass die israelische Gesellschaft nicht ewig in einem ungelösten Konflikt würde existieren können. Früher als viele andere erkannte er, dass das Leben in einem kontinuierlichen Klima der Gewalt, der Besatzung, des Terrors, der Angst und Hoffnungslosigkeit Israel einen Preis abverlangt, den es nicht bezahlen kann.

Dies gilt auch heute noch, und zwar in verschärftem Maße. Ich werde gleich auf den Gesprächspartner zurückkommen, den wir haben oder nicht haben. Doch vorher sollten wir uns selbst betrachten.

Schon über hundert Jahre leben wir in diesem Konflikt. Wir, die von diesem Konflikt betroffenen Bürger, wurden in den Krieg hineingeboren, haben in ihm unsere Lehrjahre verbracht, wurden gewissermaßen auf ihn programmiert. Möglicherweise kommt dadurch mitunter der Gedanke auf, dieser Wahnsinn, mit dem wir seit einem Jahrhundert konfrontiert sind, sei das einzig Reale, unsere einzige Bestimmung, und wir hätten gar keine Möglichkeit, ja vielleicht nicht einmal das *Recht*, ein anderes Leben anzustreben: Von unserem Schwerte werden wir uns nähren und sterben, und das Schwert wird »ohne Ende fressen«.

Vielleicht erklärt sich daraus, wie apathisch wir uns mit der totalen Zersetzung des Friedensprozesses abfinden, einer Zersetzung, die schon viele Jahre dauert und immer mehr Opfer fordert. So lässt sich auch erklären, wie lethargisch die Mehrheit von uns reagierte, als die Demokratie mit der Übertragung eines Ministerpostens an Avigdor Lieberman, die der Ernennung eines berüchtigten Pyromanen zum Feuerwehrhauptmann gleichkam, einen Fußtritt erhielt.

All diese Dinge haben mit dazu beigetragen, dass der Staat Israel in erstaunlich kurzer Zeit eine Haltung der Indifferenz, ja sogar der Brutalität im Umgang mit den Schwachen, Armen und Leidenden angenommen hat: diese Gleichgültigkeit gegenüber dem Schicksal der Bedürftigen, der Alten, Kranken oder Behinderten; dieser Gleichmut des Staates Israel, was zum Beispiel den Frauenhandel anbelangt oder die an Sklaverei grenzende Ausbeutung ausländischer Arbeitskräfte; der fundamentale behördliche Rassismus gegenüber der arabischen Minderheit – all das spielt sich hier mit großer Selbstverständlichkeit ab, ohne auf Bestürzung oder Protest zu stoßen. Allmählich fürchte ich, selbst wenn morgen Frieden herrschen würde, selbst wenn wir irgendwann einmal zu einer Art Normalität zurückkehrten, könnte es für unsere vollständige Genesung schon zu spät sein.

*

Der Schicksalsschlag, der meine Familie und mich traf, als unser Sohn Uri fiel, verleiht mir keine Sonderrechte im öffentlichen Diskurs, doch die Konfrontation mit Tod und Verlust zieht meiner Meinung nach eine gewisse Nüchternheit und Klarsicht nach sich, zumindest was die Differenzierung zwischen Wichtigem und Nebensächlichem angeht. Zwischen Erreichbarem und Unerreichbarem. Zwischen Realität und Phantasie.

Jeder Israeli mit Verstand – und ich möchte behaupten, auch jeder Palästinenser – hat heute eine genaue Vorstellung von der möglichen Lösung des Konfliktes zwischen den Völkern. Jeder vernünftige Mensch unter uns und unter ihnen kann tief in sich auch zwischen Träumen, Wunschvorstellungen und erreichbaren Zielen unterscheiden. Wer das nicht kann, ist schon jetzt kein Verhandlungspartner, ob er nun Jude oder Araber ist. Er sitzt in der hermetischen Falle seines Fanatismus fest und kommt somit als Gesprächspartner nicht in Frage.

Werfen wir einen Blick auf diejenigen, die eigentlich unsere Verhandlungspartner sein sollten. Die Palästinenser haben sich für die Hamas entschieden, die sich weigert, mit uns zu verhandeln, und uns nicht einmal anerkennt. Wie geht man mit dieser Lage um? Was kann man tun? Sie immer mehr in die Enge treiben? Weiterhin Hunderte von Palästinensern in Gaza töten, in der Mehrzahl unschuldige Zivilisten wie wir?

Reden Sie mit den Palästinensern, Herr Olmert. Sprechen Sie sie über die Köpfe von Hamas hinweg an. Wenden Sie sich an die Gemäßigten unter ihnen, an diejenigen, die Hamas und ihre Politik ebenso ablehnen wie Sie und ich. Sprechen Sie mit dem palästinensischen Volk, mit diesen zutiefst verwundeten Menschen! Erkennen Sie ihr fortwährendes Leid an! Sie vergeben sich damit nichts, und ein solches Verhalten würde der Position des Staates Israel in späteren Verhandlungen keinerlei Abbruch tun. Nur die Herzen würden sich ein wenig füreinander öffnen, und dadurch würden gewaltige Kräfte frei. Einfaches menschliches Mitgefühl hat die Stärke von Naturgewalten, gerade in einer Atmosphäre der Erstarrung und Feindschaft.

Betrachten Sie die Palästinenser einmal nicht durch das Zielfernrohr eines Gewehrs oder durch eine Straßensperre. Sie werden ein Volk sehen, das nicht weniger gepeinigt ist als wir. Ein besetztes, deprimiertes Volk ohne Hoffnung. Gewiss haben die Palästinenser dazu beigetragen, dass wir in der Sackgasse gelandet sind. Gewiss haben auch sie erheblichen Anteil am Scheitern des Friedensprozesses. Aber sehen Sie sie einmal mit anderen Augen. Sehen Sie nicht nur die Extremisten unter ihnen, nicht nur diejenigen, die mit den Extremisten in unseren Reihen eine Interessengemeinschaft bilden. Richten Sie Ihr Augenmerk auf die entscheidende Mehrheit dieses unglücklichen Volkes, dessen Schicksal mit unserem verbunden ist, ob wir wollen oder nicht.

Gehen Sie auf die Palästinenser zu, Herr Olmert! Suchen Sie nicht immerfort Gründe, dem Gespräch mit ihnen aus dem Weg zu gehen. Den einseitigen Rückzug haben Sie aufgegeben. Das ist gut so. Aber Sie dürfen kein Vakuum hinterlassen. Es wird sich augenblicklich mit Gewalt und Verwüstung füllen. Reden Sie mit ihnen! Machen Sie ihnen ein Angebot, das die Gemäßigten unter ihnen akzeptieren können (sie sind zahlreicher, als die Medien uns weismachen wollen). Stellen Sie sie vor die Entscheidung, Ihr Angebot anzunehmen oder weiterhin Geiseln des fanatischen Islams bleiben zu wollen. Gehen Sie zu ihnen mit dem mutigsten und ernsthaftesten Programm, das Israel offerieren kann. Einem Angebot, dem jeder Israeli und jeder Palästinenser, der Augen im Kopf hat, ansieht, dass es bis an die Grenzen durchsetzbarer gegenseitiger Zugeständnisse geht. Wenn Sie zögern, werden wir uns bald nach den Zeiten zurücksehnen, in denen der palästinensische Terror noch dilettantisch war. Wir werden uns die Haare raufen und schreien: Wieso haben wir nicht unsere ganze geistige Beweglichkeit, die gesamte israelische Kreativität mobilisiert, um unsere Feinde aus ihrer selbstgeschaffenen Falle zu zerren?

So wie es einen unvermeidbaren Krieg gibt, gibt es auch einen unvermeidbaren Frieden. Wir haben keine Wahl mehr. Wir haben keine Wahl, und die Palästinenser haben keine Wahl. Und zu einem unvermeidbaren Frieden muss man mit der gleichen Entschlossenheit und Schöpfungskraft aufbrechen, wie man in einen unvermeidbaren Krieg zieht, eben weil wir keine Wahl haben. Und wer denkt, dass es sie doch gibt und dass die Zeit für uns arbeitet, versteht die gefährlichen Tiefenprozesse nicht, die längst von uns Besitz ergriffen haben.

Und überhaupt, Herr Ministerpräsident, vielleicht sollte ich Sie daran erinnern: Wenn irgendein arabisches Staatsoberhaupt Friedenssignale aussendet, und seien sie noch so schwach und zaghaft, haben Sie die Pflicht, darauf einzugehen. Sie müssen sie augenblicklich auf ihre Ehrlichkeit und Ernsthaftigkeit prüfen. *Sie haben die moralische Verpflichtung, darauf einzugehen.* Sie sind es denjenigen schuldig, von denen Sie im Fall eines erneuten Kriegsausbruchs verlangen werden, ihr Leben einzusetzen. Wenn Präsident Assad behauptet, Syrien wolle Frieden, dann müssen Sie, auch wenn Sie ihm nicht glauben – und wir misstrauen ihm alle –, noch am selben Tag ein Treffen anbieten. Warten Sie keinen Moment. Schließlich haben Sie nicht einmal eine Stunde gewartet, um in den letzten Krieg zu ziehen. Sie sind mit der kompletten Armee losmarschiert. Mit der ganzen Kriegsmaschinerie. Mit voller Zerstörungsgewalt. Warum ersticken Sie jeden aufflackernden Friedensfunken auf der Stelle im Keim? Was haben Sie zu verlieren? Sie trauen dem syrischen Präsidenten nicht? Bieten Sie ihm Bedingungen an, die seine wahren Absichten aufdecken. Schlagen Sie ihm einen langfristigen Friedensprozess vor, an dessen Ende – wenn er sich an Bedingungen und Einschränkungen hält – er die Golanhöhen zurückbekommt. Verpflichten Sie ihn zu einem langen Dialog. Handeln Sie so, dass die Möglichkeit einer friedlichen Koexistenz ins Bewusstsein seines Volkes dringt. Unterstützen Sie die Gemäßigten, die es sicher auch dort gibt. Versuchen Sie, die Wirklichkeit aktiv zu gestalten und sich nicht nur mit ihr zu arrangieren. Dazu hat man Sie gewählt. Genau dazu.

*

Abschließend möchte ich bemerken:

Selbstverständlich hängt nicht alles von unserem Handeln ab, es gibt große, starke Mächte, die in der Region und auf der Welt agieren, darunter solche wie der Iran, wie der fanatische Islam, die uns nicht wohlgesonnen sind. Und dennoch kommt es sehr darauf an, was wir tun und sein werden. In Israel sind die Meinungsunterschiede zwischen den Anhängern der Rechten und Linken heute nicht mehr sehr gravierend. Die entscheidende Mehrheit der israelischen Bevölkerung begreift längst – wenn auch zum Teil nicht sehr begeistert –, wie die Lösung des Konflikts in etwa aussehen wird. Die meisten von uns sehen ein, dass das Land geteilt werden und ein palästinensischer Staat entstehen muss. Warum reiben wir uns also seit beinahe vierzig Jahren weiterhin mit innenpolitischen Kämpfen auf? Warum vertritt die politische Führung noch immer die Position der Extremisten und nicht die der Mehrheit? Unsere Lage wäre doch ungleich besser, wenn wir von selbst einen nationalen Konsens herbeiführen könnten, ehe die Umstände – Druck von außen oder eine neue Intifada oder ein weiterer Krieg – uns dazu zwingen. Wenn uns das gelingt, ersparen wir uns Jahre der Regression und des furchtbaren Irrtums, Jahre, in denen wir immer wieder aufschreien werden: Sieh nur, Erde, wir waren sehr verschwenderisch!

Von hier aus rufe ich alle auf, die mir zuhören – die jungen Leute, die aus dem Krieg heimgekehrt sind und wissen, dass sie den Preis des nächsten Krieges zahlen müssen, die jüdischen und die arabischen Bürger, die Anhänger der Rechten und der Linken: Haltet einen Moment inne! Blickt über den Rand des Abgrunds, bedenkt, wie kurz wir davor sind, alles zu verlieren, was wir hier geschaffen haben. Ist es nicht endlich an der Zeit, uns aufzuraffen, aus der Lähmung zu erwachen und das Leben einzufordern, das wir zu führen verdient haben?

Editorische Notiz

Die Zusammenstellung der Texte für diese Ausgabe wurde vom Autor selbst vorgenommen.

»Den Anderen aus dem eigenen Innern kennenlernen, oder die Lust, Gisela zu sein« ist ein Vortrag, der anlässlich des Kongresses der israelischen Bibliothekare im Januar 2006 in Tel Aviv gehalten wurde.

Der Arthur-Miller-Vortrag »Schreiben im Katastrophengebiet« wurde anlässlich des PEN-Festivals in New York im April 2007 gehalten.

»Die Sprache des Einzelnen und die Sprache der Masse« ist die Niederschrift des Vortrags zur Eröffnung des Internationalen Literaturfestivals in Berlin am 4. September 2007.

»Reflexionen über einen entgleitenden Frieden« ist die Niederschrift des Vortrags anlässlich des Kongresses des Levinkreises in Paris am 5. Dezember 2004.

Die »Rede anlässlich der Gedenkfeier für Jitzhak Rabin« wurde gehalten auf dem Rabinplatz in Tel Aviv am 4. November 2006.